国家级非物质文化遗产代表性项目山西省保护成果丛书

澄泥砚制作技艺

弓宇杰 主编

高忠严 史小凯 蔺霄麟 著

山西出版传媒集团

北岳文艺出版社
BEIYUE LITERATURE & ART PUBLISHING HOUSE

·太原·

图书在版编目（CIP）数据

澄泥砚制作技艺 / 高忠严，史小凯，蔺霄麟著.
太原：北岳文艺出版社，2025.1. --（国家级非物质文化遗产代表性项目山西省保护成果丛书 / 弓宇杰主编）. -- ISBN 978-7-5378-6956-0

Ⅰ．K875.44

中国国家版本馆CIP数据核字第20246FX121号

澄泥砚制作技艺
CHENGNIYAN ZHIZUO JIYI

高忠严　史小凯　蔺霄麟　著

//

出 品 人 郭文礼	出版发行:山西出版传媒集团·北岳文艺出版社
	地址:山西省太原市并州南路57号
策　划 马　峻	邮编:030012
	电话:0351-5628696(发行部)　0351-5628688(总编室)
责任编辑 庞咏平	传真:0351-5628680
	经 销 商:新华书店
装帧设计 夏慧文	印刷装订:山西基因包装印刷科技股份有限公司
封面题字 田　青	开本:787 mm×1092 mm　1/16 字数:165千　印张:14.75
图片提供 贾耀辉　高忠严　白艺娜　常　琳 山西绛州澄泥砚研制有限公司	版次:2025年1月第1版 印次:2025年1月山西第1次印刷 书号:ISBN 978-7-5378-6956-0
宣传运营 刘思华　董江波	定价:73.00元
印装监制 郭　勇	本书版权为本社独家所有,未经本社同意不得转载、摘编或复制

国家级非物质文化遗产代表性项目山西省保护成果丛书

编 委 名 单

名誉主编

田 青

学术委员

张振涛 苑 利 张孝德

主 编

弓宇杰

编 委

牛晓珉 段友文 卫才华

李晋萍 赵云海

总　序

　　山西，简称晋，因春秋末期有过"三家分晋"的历史，所以也叫三晋大地。三晋大地，表里山河，外有滔滔大河，内有巍巍高山，更被柳宗元赞曰有"尧之遗风"。

　　大河是黄河，中华文明的母亲河；山有太行山，与王屋山一起，在中国古老的传说里彰显着我们祖先的不屈意志与奋斗精神。在那首著名的歌曲《人说山西好风光》里，有两句歌词动态十足，精彩至极："左手一指太行山，右手一指是吕梁。"只有面对地图时，你才能想象出是什么人，要站在什么地方，方可如此洒脱地左一指、右一指，俯瞰这莽莽苍苍、云蒸霞蔚的中原故地。没有坐北朝南、站在云端之上的王者胸怀和气概，唱不出这样的歌。

的确，这里曾是王者之地。在古老的传说中，黄帝之妃嫘祖就是在这里的夏县教民养蚕缫丝，后稷就是在这里的稷山教民稼穑耕种。这里至今留有尧、舜、禹建业的踪迹，尧都平阳、舜都蒲坂、禹都安邑之说历来不绝。

如果说有关"三皇五帝"的遗迹和传说还需要考古证明，那么运城人自豪地说自己是关公的"老乡"，却是真真切切、毋庸置疑的。关公所代表的忠义精神，在中华民族传承千年，亘古不变，至今仍是中华传统文化的核心精神，为全球华人所尊崇坚守。

这里有数不清的历史故事，有数不清的历史遗迹。中国有一句话："地下文物看陕西，地上文物看山西。" 山西现存的全国重点文物保护单位和地上文物均为全国第一，素有"中国古代建筑艺术博物馆"的美誉，全国仅有的四座唐代建筑均在山西，比如五台山的南禅寺、佛光寺，至今散发着光耀寰宇的盛唐之光。此外，作为著名的"元杂剧"的发祥地，山西还有全国最多也是保存最完整的古戏台。据不完全统计，目前山西全省仍然保存完好的戏台约有两千座，遍布三晋大大小小的乡镇，几乎每一个大一点的村落，都会有一座面对神灵栖处的戏台，它成为传统中国农村的社会中心。

山西还是非物质文化遗产大省，列入国家级非物质文化遗产代表性项目名录的有182项，位列全国第三；列入省级非物质文化遗产代表性项目名录的有1173项；列入市级非物质文化遗产代表性项目名录的有2629项；

列入县级非物质文化遗产代表性项目名录的有6425项。现有国家级代表性传承人149人，省级代表性传承人1427人，市、县级代表性传承人分别为3527人和8341人，总体数量和涉及的"非遗"门类均排在全国前列。

金元时期，古平阳地区是除了元大都外最大的戏剧中心。千百年来，传统戏剧在这里生根发芽、枝繁叶茂，成为山西民众最主要的精神食粮，也是继承传播中华民族精神、智慧、文明的大学校。山西现存地方剧种多达54个，占全国传统剧种的六分之一。其中以山西梆子、蒲州梆子、上党梆子、北路梆子为代表的"梆子大戏"传承久远、影响巨大，诞生了许多名角和代表性剧目。其他如碗碗腔、线腔、耍孩儿、罗罗腔、青阳腔等戏曲形式异彩纷呈、争奇斗艳，深得民众喜爱。

山西还是民歌的海洋和民间歌舞之乡，到处都有着非常精彩的民歌与民间舞蹈，每到春节、元宵节，"闹红火"的队伍都会把欢乐撒向天空与大地。鼓舞、秧歌舞、狮舞、高跷、旱船、竹马、二鬼摔跤、背棍、铁棍和抬阁等传统舞蹈成为中华传统节日的亮点和必备的"大餐"。山西的民歌闻名天下，河曲、左权号称"歌窝子"，《走西口》与《桃花红 杏花白》的歌声脍炙人口，其独具特色的动人旋律与一唱三叹、鲜活生动的唱腔以及继承了《诗经》传统的歌词，无不是劳动人民的伟大创作，如一颗颗宝石，璀璨夺目，历久弥新。山西的器乐曲，也丰富而精彩，其中五台山佛乐、恒山道乐曾与以"山西八大套"为代表的民间器乐互相影响，构成了山西各具特色的多个乐种。

山西农业发达，工商业和金融也起步较早，受它们影响的传统手工技艺也发展较快，其品类丰富、数量众多，分布广泛，称得上"物华天宝"。其中平遥推光漆器、平定刻花瓷、长子响铜、稷山螺钿、平阳木版年画、阳城生铁冶铸技艺、绛州澄泥砚、上党堆锦、黎侯虎等民间传统工艺在全国影响较大。山西传统工艺中的民间剪纸、布艺、皮影、绢人、泥塑等更是特色鲜明，成为一张张瑰丽多彩的"山西名片"。

我虽不是山西人，但与山西渊源甚深。1982年，我考入中国艺术研究院随杨荫浏先生攻读研究生学位，为了论文写作，第一次去山西考察，初登五台山，领略了青庙、黄庙的佛教音乐。1988年，我再访五台山，在山西省音乐舞蹈研究所的帮助下找到了繁峙县的释了丛法师。1989年3月，一个以释了丛法师为首的佛教乐队以"中国五台山佛乐团"的名义随我赴香港参加"第一届佛教音乐国际研讨会"，第一次走出山西，登上国际舞台。1998年，受赵朴初居士委托，我与李家振先生拜访李鸿儒老师组建的佛乐班，在此基础上组织了"五台山沙弥佛乐团"；同年3月，我率团赴台湾在台北中山堂演出，轰动宝岛。2002年，应左权籍作家刘红庆之邀，参加左权县文化局召开的有关民歌前途的研讨会，从而认识了石占明并推荐他参加了当年在浙江仙居举办的第一届"南北民歌擂台赛"，"羊倌歌手"一举成名，获"十大歌王"称号。2003年，我再访左权，结识了刘红权和"左权盲人宣传队"的弟兄们。回京后，我在《人民日报》发表《阿炳还活着》等文章，并将他们请到北京的大专院校和新闻媒体机构演出，开启了"左权盲人宣传队"向天而歌、誉满天下之路。2004年，我作为艺术总监，再次带领由已经长大了的"沙弥"们组成的五台山佛乐团参加两岸三大语系、八大丛林组成的"中华佛教音乐展演团"出访美国、加拿大等国，并到台湾、香港、澳门等地演出。2019年和2020年，我参与策划了全国性的民歌盛会"左权民歌汇"，让左权这座古城成为全国的民歌中心和当今时尚青年的"打卡地"。2021年，我作为山西非物质文化遗产展演团的艺术总监，参与策划了在台湾举办的"中华非物质文化遗产月"活动，让三晋大地源远流长、五彩缤纷的非物质文化遗产亮相祖国宝岛，为宝岛亲人带去了"表里山河"的乡情与问候。

今天，"国家级非物质文化遗产代表性项目山西省保护成果丛书"即将出版，我相信这套丛书在分门别类、具体生动地介绍山西非物质文化遗产的同时，会很好地弘扬中华传统文化，极大地促进我们，尤其是青年们的文化自信，更会让全国人民、世界人民了解山西，了解中国，在山西"非遗"的百花园里更深刻地感受到中华民族生生不息的伟大智慧、伟大精神。

向所有非物质文化遗产的创造者和传承人致敬！

向所有非物质文化遗产保护工作者致敬！

山西省晋中市左权县龙泉乡龙则村荣誉村民

田　青

目　录

序 ·· 001

第一章　走进绛州 ·· 001
　　第一节　得天独厚的地理资源 ··· 003
　　第二节　积淀深厚的绛州人文 ··· 005
　　第三节　民淳俗厚的非遗沃土 ··· 026

第二章　历史探源 ·· 039
　　第一节　澄泥砚历史沿革 ··· 041
　　第二节　有关绛州澄泥砚的传说 ·· 046
　　第三节　澄泥砚颂诗楹联 ··· 054

第三章　艺术形态 ·· 065
　　第一节　匠艺匠心 ·· 067
　　第二节　造型特征 ·· 088

第三节　系列设计 ……………………………… 102
　　第四节　内涵价值 ……………………………… 120

第四章　澄泥砚制作技艺 ……………………………… 123
　　第一节　重见新姿 ……………………………… 125
　　第二节　三代传承 ……………………………… 131
　　第三节　口述生活 ……………………………… 140
　　第四节　传承机制 ……………………………… 149

第五章　澄泥砚回首与展望 ……………………………… 157
　　第一节　生产性保护 ……………………………… 159
　　第二节　文旅融合 ……………………………… 176

跋 ……………………………………………………… 185
附　录 ………………………………………………… 187
　　一、大事记 ……………………………………… 189
　　二、参考文献 …………………………………… 215

序

澄泥砚是中国四大名砚中唯一的陶砚，因为制作工艺繁复、周期长，且成品率低，因此传世的古澄泥砚尤其珍贵。

一捧汾河泥，千年澄泥砚。绛州澄泥砚，孕于汉，兴于唐宋，明代技术达到炉火纯青。明末清初，澄泥砚因为制作技艺复杂、成品率低等原因开始走下坡路，甚至出现长达三百多年的断档。民国十八年（1929）修纂的《新绛县志》中记载："按绛州出澄泥砚，《山西通志》及绛州旧志均载及之，可知澄泥砚确为绛州所出。惟在今日，无制之者，盖其法早已失传矣。"

为了重新恢复澄泥砚制作技艺，20世纪80年代中期，澄泥砚制作技艺的第一代传承人蔺永茂成立了山西省新绛县绛州澄泥砚研制所。他与儿子蔺涛"上穷碧落下黄泉"，多方搜集资料，潜心钻研，终于使绛州澄泥砚重现人间。

  "干一行，专一行；择一事，终一生。"澄泥砚制作技艺的第二代传承人蔺涛先后开发出十多个系列、上千个澄泥砚品类。他强调绛州澄泥砚应该顺应时代潮流，反映时代生活，认为只有融入社会，才能找到属于自己的市场发展空间。

  非遗文创，融入生活，第三代传承人蔺霄麟对于绛州澄泥砚的发展有不一样的想法和实践。他带领团队探索制作工艺的改进，同时融入现代生活元素，不断开发新的砚品。

  非物质文化遗产，不仅是一个民族生生不息的根脉，更是传统文化源远流长的精髓。绛州澄泥砚不仅是历史上中华文明的载体，也是地方优秀传统文化的标志。在政府、传承人和社会力量推动下，绛州澄泥砚与地方文化结合，与地方旅游牵手，融入当下民众生活，实现了活态保护和双创发展，呈现出前所未有的蓬勃气象。

高忠严
2024年7月

第一章

走进绛州

新绛作为澄泥砚的主要产地之一，首先得益于其得天独厚的地理环境资源。其整体地貌结构为"南岭北山中间河"，汾河穿新绛县城而过。

汾河上游穿梭于山地峡谷之间，水流湍急；中游经太原盆地，介休市以下变窄，过灵石峡进入临汾盆地；下游河谷开阔。汾河流入新绛境内河道渐宽，水流变缓，泥沙自然积淀，形成高低阶地构成的冲积、湖积平原区，富含多种金属矿物质的泥沙沉积物，成为澄泥砚生产得天独厚的自然条件。其中经1300里洗刷后跌宕、残留下的多种矿物质成分，成为绛州澄泥砚在烧制中产生窑变的根本因素，加之烧制火候微妙的变化与添加料的多寡不一，共同成就了绛州澄泥砚色彩绚丽，花纹斑斓的外形特征。

第一节　得天独厚的地理资源

新绛，古称绛州，位于山西省西南部、运城市北部，地处临汾盆地南缘、汾河下游；东临侯马市，西接稷山县，南依峨嵋岭与闻喜县接壤，北靠吕梁山与襄汾县、乡宁县相邻。

全县总面积约597平方公里，下辖9个镇153个行政村。北起泽掌镇老凹沟，南到横桥乡卧龙庄，南北相距41公里；东起龙兴镇南梁村，西到北张镇马首官庄，东西相距25公里。[1]

县域地势为南北两侧高，中间低，为汾河高低阶地构成的冲积、湖积平原区。全县平均海拔400—600米，北有姑射山、九原山，南有峨嵋岭；最高处为县西北的姑射山峰，海拔1438.4米；最低处为万安镇的赵村渡，海拔为381.9米。

县域整体地貌结构为"南岭北山中间河"，汾河由

---

[1] 新绛县县志编纂委员会编纂《新绛县志（上册）》，山西人民出版社，2015。

东北入新绛境，流经县城，至中部折向西，有浍河、鼓水流入汾河。汾河，古称汾水，据《山海经》载："管涔之山……汾水出焉。"传统学界认为，汾河发源于山西省宁武县境内管涔山脚下的雷鸣寺泉，而现代考察认为，汾河之源在神池县太平庄乡西岭村。汾河上游穿梭于山地峡谷之间，水流湍急；中游经太原盆地，至介休以下河道变窄，过灵石峡进入临汾盆地，汾河下游河谷开阔。汾河流入新绛境内后，河道渐宽，水流变缓，泥沙自然积淀，其中富含多种金属矿物质的泥沙沉积物，是澄泥砚生产得天独厚的原料来源；而经河流冲刷后跌宕、残留下的多种矿物质成分，更成为绛州澄泥砚在烧制中产生窑变的根本因素。

第二节　积淀深厚的绛州人文

作为古绛州州府所在地，新绛县物产丰饶，人文深厚，在河东、三晋乃至华夏文明中占有重要的地位。

从新石器时代仰韶文化起，新绛这片土地就成为孕育一方人民的摇篮。据县境内部分仰韶文化期遗址考古挖掘，遗址内留存有大量盆、碗、罐等生活器物残片及动物的牙齿、骨骼和大量的石斧等原始生产工具，证明先民们早在仰韶时期就在这片土地上繁衍生息，耕耘历史，传衍文化。

一、古都雄郡

新绛县在皇古时期为台骀之国，陶唐氏尧帝时为唐国的畿辅之地。西周时期，武王封文王第十七子为郇侯，辖今新绛地，后改郇为荀，为侯国。春秋时期，荀国为晋国所灭，此地属晋。前668年，晋献公迁都故绛（今山西新绛县北，属襄汾县晋城村）。前585年，晋景公迁都新田（今山西新绛县横桥乡一带），亦称

新绛古城 贾耀辉/摄

"绛"，史称新绛。因新绛县所处属晋国核心区域，加之当时"县"的建置，因此后来也被史学家称为"天下第一县"。

据史学家考证，现古绛镇南城村的车厢城遗址可能为春秋时晋国都邑所在地。车厢城地处绛县城南5公里处，因其形如车厢，故被称为车厢城。其所属南城村刻有"车厢古迹"四字的石匾与唐武德元年镶嵌在绛县城门楼上的"晋旧都"石匾遥相呼应，一定程度上证实车厢城曾是晋国的古都。2016年6月6日，晋旧都车厢城遗址被山西省人民政府公布为第五批省级文物保护单位，"车厢古迹""晋大夫士蒍故里""晋旧都"三块石匾和"绛县师"石碑分别存放在南城村和绛县博物馆内。① 此外，刘保民先生在明代《平阳府志·卷二》上找到了晋国虒祁宫的示意图，一定程度上说明了晋国三大宫殿（铜鞮宫、绛霄楼台与虒祁宫）中的虒祁宫在新绛县横桥镇东升庄的可能性。县属西北泽掌镇的晋绛霄楼，又称灵公台。史称："晋灵公不君，以弹丸击人。即此。"这些考古遗迹与遗存从一定程度上证明了新绛在两千多年前确为"晋国旧都"。

史载，韩、赵、魏三家分晋后，今新绛地属魏，称汾城，隶属河东郡。秦朝时，新绛地仍属河东郡。三国时，属魏，置临汾县，隶平阳郡。西晋时，临汾县属平阳郡。南北朝时，北魏太武帝始光四年（427）于柏壁镇置东雍州，分临汾县为太平县和南太平县；太和十一年（487）置正

---

① 据"山西省文物局"网："https://wwj.shanxi.gov.cn/wwzy/wwlb/bkydww/sjzd-wwbhdw/dwpsb/202109/t20210908_1987680.shtml"。

平郡，领闻喜、曲沃二县。北周明帝武成二年（560），改东雍州为绛州，徙闻喜县龙头城；武帝时复移于柏壁；建德六年（577）再徙稷山县玉壁。隋开皇三年（583），州治从玉壁迁至今县城所在地，废正平郡，改为绛郡。①

自隋代改置绛郡后，今新绛地有时为州，有时为郡，有时为府，曾置绛州总管府、雄郡、雄州、中州……直到清朝改置直隶绛州；管领区域虽多寡不一，但绛州作为州郡一级却始终未变。人文景观与文物古迹的遗存时刻也提示："天下雄郡"之称不负虚名。

二、历史名城

古时，绛州与晋阳（今山西太原）、平阳（今山西临汾）齐名，为三晋名城之一，史称"襟带"之地，有"控带关河，翼辅汾晋"之誉。辛亥革命后，1912年5月，废州立县，取"咸与维新"之意，又兼与邻近的绛县相区别，绛州改称为新绛县。1949年底，运城专署

---

① 蔺涛：《中国名砚·澄泥砚》，湖南美术出版社，2010，第81页。

成立，新绛隶属运城专署。1970年，晋南专署分为临汾、运城两个地区，新绛县属运城地区。

依据名城保护制度，1994年1月，新绛县被国务院列为第三批三十七座国家历史文化名城之一。名城保护制度是一项以建成遗产保护为主，促进城乡环境遗产全面保护与活化利用的综合性保护管理机制；[①]一般而言，是指保存文物丰富、具有重大历史价值或者纪念意义且正在延续使用的城市。纵观新绛全县，经公布的各级各类文物保护单位645处，其中国家级16处、省级9处、市级7处。[②]近年来，新绛县政府为全面实施古城保护和活化利用工作，以绛州古城为载体，叫响新绛"晋国古都、天下雄郡、华夏乐城、三晋名州、荀子故里"五块金字招牌，以此走入并了解历史沧桑的古城。

1. 卧牛城

绛州古城南临汾河，北沿丘陵，旧称"卧牛城"。其临川笼丘的地形特点，使其建筑格局不同于一般州县城的"方城十字、对称中轴"。城内建筑，据高就低，随地势制宜，三关五坊、两门六十二巷皆依其自然。远眺绛州城，绛州三楼、绛州大堂、哥特式天主教堂、唐代宝塔由西至东

[①] 张松：《国家历史文化名城保护立法进程与未来展望》，《中国名城》2023年第1期。
[②] 据"新绛县人民政府"网："http://www.jiangzhou.gov.cn/doc/2021/08/04/10401409.shtml"。

排开，形成古绛州颇具标志性的古建筑群。

2.绛州三楼

新绛县城内，绛州三楼——钟楼、乐楼、鼓楼南北排列，为唯一鼎足而立的格局。绛州三楼依传说中"石星"子夜发光的七星坡而建，钟楼始建于北宋，乐楼创建年代不详，鼓楼建于元代，现有的三楼皆为明代遗构，其中钟楼内明正德三年（1508）铸造的万斤铁钟，钟音雄浑，声震四野。

3.绛州大堂

新绛县城西北，新绛中学内的绛州大堂，是全国重点文物保护单位。绛州大堂始建于唐代，曾是大唐名将张士贵的"帅正堂"，现为元代重建遗构，为绛州署衙的正堂。其东西长29.20米，南北宽15.40米，占地面积311.28平方米；[1]单檐悬山顶，高大宽阔，巍峨壮观。

---

[1] 据"运城市文化和旅游局"网："https://wlj.yuncheng.gov.cn/doc/2021/02/26/116128.shtml"。

绛州大堂　贾耀辉/摄

4.绛州文庙

省级文物保护单位绛州文庙位于新绛县城内四府街东端,创建年代无考。据庙内存宋人集王羲之书《重修夫子庙碑记》推断,绛州文庙创建年代当不晚于宋代,之后元、明、清代都有重修。据方志记载,庙内原有中轴线建筑由南往北依次为状元路、木牌坊、影壁、泮池、棂星门、大成门、杏坛、大成殿、明伦堂、尊经阁等,左右两侧有乡贤祠、名宦祠、碑亭、厢房等,西侧有射圃。庙内供奉着孔子及其四大弟子和十二哲人像,儒家的精神与思想通过这一场所不断与绛州民众的崇礼思想融合。

绛州文庙　贾耀辉/摄

5. 绛守居园池

新绛县城西北隅的绛守居园池乃是古绛州署衙花园。据《山西通志》载，绛守居园池创建于隋开皇十六年（596），唐代时便是名园，其内曲径通幽，古朴典雅，景色宜人，亭榭楼阁，错落有致，一年四景更是独有意境。居园池坐北朝南，东西长188.55米，南北宽75.5米，占地面积14235.53平方米。以子午梁为界，分为东西两园；子午梁南端建有香亭，北端为嘉禾楼。东园有宴节楼、望月台、苍塘、六角门洞影壁、梁公祠，西园有半亭、虎豹门、洄莲亭、洄莲池。①

绛守居园池　贾耀辉/摄

① 据"运城市文化和旅游局"网："https://wlj.yuncheng.gov.cn/doc/2020/07/21/60500.shtml"。

绛守居园池·洄莲亭　贾耀辉/摄

6. 龙兴寺"碧落碑"

新绛县城龙兴路北端龙兴寺的古塔脚下，有一闻名遐迩的碑刻"碧落碑"。据《绛州志》记载，龙兴寺始建于唐，原名"碧落观"，碑因观得名。"碧落碑"为李唐宗室述事碑，甚为珍贵。其碑文为小篆撰写，世评为唐人小篆体的代表作，古人尚"叹其妙绝"，今人更将其推崇备至，将之列为书法名碑。

此外，新绛县城西南20公里处的阳王镇有一座名为稷益庙的庙宇，庙内以古代农业为题材的明代壁画名震华夏，可与芮城永乐宫壁画媲美；县城西北光村，以"悬塑"出名的唐代福胜寺，完好地保存了几代民间艺术家创

阳王镇稷益庙壁画　　贾耀辉/摄

龙兴寺　贾耀辉/摄

作的40余尊彩塑，成为我国美术园地中的奇葩。

纵览新绛怡人的自然风光、丰富的文化遗存、古老的名胜古迹，几千年来，历经沧桑而风华正盛，恢宏的历史颂歌与绚烂的生命随着时光而延续，汇聚成新绛县独特的历史文脉，凝结出丰富多彩、底蕴深厚的历史人文。无论从历史文化的悠久积淀，还是城市人文的景观构建，作为历史文化名城，新绛毫无愧色，至今历千余载而不衰。

光村福胜寺悬塑　　贾耀辉/摄

三、名人掌故

号称"三晋名城"的古绛州不仅物华天宝,而且人杰地灵。春秋战国以来,新绛之地一直是山西南部政治、经济及文化活动的中心。古往今来,这片厚土孕育了绛州人文,历代帝王将相在此处活动频繁,传说事迹万古流芳;无数文臣武将、鸿儒名流纷至沓来,名留青史;各种传说故事蕴藏民众积淀的思想、文化、哲理、知识等智慧,以口头为媒介代代相传。

1."赵氏孤儿"

春秋时期起,"赵氏孤儿"忠心报国的故事,以"下宫之役"为核心,程婴救孤、公孙杵臼设计救孤、韩厥藏孤等故事为主要故事点的传说形态在绛州民间广为流传,中华民族崇尚正义、鄙视邪恶、忠节义孝的精神内涵代代口授心传。

2.荀子故里

战国末期,绛州出生的思想家、政治家荀子在继承儒家学说的基础上,又吸收了各家的长处加以综合、改造，发展了古代唯物主义传统。

3. 大儒王通

隋代大儒——河东郡绛州龙门王通于河汾设帐授学，培养出高徒房玄龄及魏徵，门人弟子有"河汾门下"之称，其"三教可一"的主张，以积极的态度吸收佛、道思想及方法之长，来丰富和充实儒学。

4. 唐风"绛"韵

唐太宗李世民屯兵今新绛柏壁村时曾大战叛将刘武周，至今当地仍遗存有擂鼓台。唐代名将张士贵在此挂帅时薛仁贵投军拜将，留下单骑击斩敌将、救君印回营等名闻三军的英勇事迹。与岑参、高适、王昌龄并称唐代"四大边塞诗人"的王之涣，"本家晋阳，宦徙绛郡"，豪放不羁，留下千古绝唱《凉州词》。

5. 宋文"绛"画

宋代，苏辙、欧阳修、范仲淹、梅尧臣等文人墨客，或诗或文，都在历代绛州方志中留下浓墨重彩的一笔。绛州人高克明工画山水，采撷诸家之美，《宋朝名画评》列其作品为"妙品第一"。

6. 元杂剧《灰栏记》

元代，绛州人李潜夫创作了杂剧《灰栏记》（全名为《包待制智勘灰栏记》)。该剧语言朴实无华，通俗自然，独具匠心，对后世戏剧创作影响较大。此剧曾被译成法、英、德、日等文字，并有德国戏剧家布莱希特据此改编的剧目《高加索灰栏记》流行国外。1933年，《灰栏记》作为中国戏剧之一种入选《世界戏剧》(英国阿普尔顿出版公司出版)。

7."天下第一规"《弟子规》

清康熙、雍正年间，绛州人李毓秀精研《大学》《中庸》，写出被誉为"天下第一规"的《弟子规》。依孔子教诲，李毓秀将生活起居、衣冠服饰、行为仪止、道德品性、处世之道等各方面行为规范编成适合学童的生活规范《弟子规》。该书详于道德教育，贯通儒家的孝悌仁爱之内涵，启蒙养正，成为中华各地学童牙牙学语之时诵读之物。

8. 抗战时期不可或缺的枢纽

作为山西南部的交通枢纽、商业都会的新绛县，在革命战争时期也是不可或缺的枢纽，成为国之栋梁运筹帷幄之地。抗日战争时期，著名的国际共产主义战士白求恩转赴延安时途经新绛县曾寓居天主堂；爱国将领冯玉祥曾在"汾阳洞"休整三月有余；贺龙元帅率120师路过新绛，曾为百姓亲笔题词，留下贺婚对联；越南著名人士黄文欢曾在乐楼舞台上进行抗日演讲；王震曾率359旅住宿在天主堂……①人才荟萃，济济一堂，为绛州千百年深厚的历史增添几分色彩。

四、商业大都

作为商业大都，绛州之商业繁盛，不仅因其地理位置优越，也有部分原因源自其钱币铸造业之发达。作为商品交换的等价物，钱币于地区商业发展举足轻重。据《国语·晋语八》载："夫绛之富商，韦藩木楗以过于朝，唯其功庸少也，而能金玉其车，文错其服，能行诸侯之贿，而无寻尺之禄，无大绩于民故也。"②所述简略，但仍可从中一窥古绛州之富。

《史记》有载："太史公曰：农工商交易之路通，而龟贝金钱刀布之币兴焉。所从来久远。""虞夏之币，金为三品，或黄，或白，或赤；或钱，或布，或刀，或龟贝。"③由此可见，古绛州在四千多年前的商业经济就已开始发展。

春秋时，绛州的青铜铸造业已有名气。到了唐代，绛州冶炼业发达，

---

① 蔺涛：《中国名砚·澄泥砚》，第85页。
② 左丘明、刘向：《国语·战国策》，岳麓书社，1988，第136页。
③ 司马迁：《史记》，中华书局，1959，第1442页。

已成为全国最大的铸币重地。据《光绪直隶绛州志》记载,"唐天下铸铜炉九十九,惟绛三十,当时铸钱率倚于绛……"[1]作为国家的"铸钱重城","乾元重宝"大钱正是在绛州铸造的。经考证,到唐后期,绛州铸钱甚至占全国的大半,朝廷在绛州设有钱监,同时派驻有铜冶使,今新绛县城北汾阳监遗址即是唐时著名的钱监。而绛州,直至宋金仍为铸币重地。清代仍铸元宝,彼时绛州城内不仅商贾云集,而且资金雄厚,加之文坛巨匠、书画名流汇聚,使绛州商业、文化得到长足的发展。

---

[1] 张于铸纂、李焕扬修《光绪直隶绛州志》,载于《中国地方志集成》(第59卷),凤凰出版社、上海书店、巴蜀书社,2005,第37页。

第三节　民淳俗厚的非遗沃土

新绛县，晋陕豫黄河"金三角"地区，地处运城和临汾中间，汾河穿城而过，以其得天独厚的地理优势、积淀深厚的人文风情在迤逦汾水的滋润下孕育出民淳俗厚的非遗沃土。

新绛县作为运城地区手工业发达县之一，一直以来享有"南绛北代，水旱码头，七十二行，样样俱全"的美誉。被称为"七十二行"城的新绛县手工业自古发达，据官方统计，全县传统民间工艺品多达25大类1800余种，[①]先后获得"中国民间文化艺术之乡""中国鼓乐艺术之乡""中国澄泥砚之都""中国最佳楹联文化县""全国文化先进县"等称号。2021年11月，绛州鼓乐被联合国教科文组织列入"世界无形文化遗产"。

一、新绛"非遗"概况

新绛历史悠久，文化积淀深厚。据统计，新绛县共有71项非物质文化遗产代表性项目被列入保护名录，其中国家级代表性项目5项，分别是绛

---

① 据"新绛县人民政府"网："http://www.jiangzhou.gov.cn/doc/2021/08/04/10401409.shtml"。

州鼓乐、澄泥砚制作技艺、新绛面塑、绛州剔犀技艺、点舌丸制作技艺;省级代表性项目14项;市级代表性项目30项;县级代表性项目22项。目前,新绛县拥有各类非物质文化遗产代表性传承人118人,其中国家级2人、省级22人、市级45人、县级49人。厚重的历史,丰富的人文,众多的非物质文化遗存,为传承创新中华优秀文化奠定了坚实的基础。以下围绕绛州鼓乐、绛州剔犀技艺,概述新绛县的"非遗"保护状况。

1. 绛州鼓乐

绛州鼓乐,又称绛州大鼓,泛指山西省新绛县民间流行的锣鼓乐和吹打乐,素有"地动山摇""闻声十里"之誉,其声粗犷浑厚,慷慨激越,凝聚和积淀了黄河儿女千百年的传统文化。2006年,绛州鼓乐被列入第一批国家级非物质文化遗产名录。

据孝陵陶窑遗址出土的土鼓、襄汾县陶寺出土的土鼓和鼍鼓推测,数千年以前,绛州这片土地上已经有了原始鼓乐。据《光绪直隶绛州志》载:"岁时社祭,夏冬雨举,亦古者报啬之遗,又乡镇多香火会,扮社鼓演

绛州鼓乐　贾耀辉/摄

剧。"①《民国新绛县志》又曰:"每逢赛社之期,必演剧数日,扮演各种故事,如锣鼓……"②此外,民间流传着关于尧与鹿仙女成婚的婚庆锣鼓、龙香村锣鼓洞蚩尤大战时所用的军鼓、古交村大唐敲鼓等传说故事,足见绛州鼓乐于绛州人民日常生活与重要节日仪式中的参与性与重要性。

  作为民间"社火"活动中最流行的文艺形式之一,绛州鼓乐以演绎历史故事为特色,鼓乐种类上主要有车鼓、花敲鼓、穿箱锣鼓、吹打鼓、花鼓和以表演间鼓乐伴奏的类似鼓乐剧等,其中花敲鼓在绛州鼓乐中最具代表性。绛州鼓乐以多面形制不同的鼓和以击鼓边、敲鼓边、墨鼓钉等为例的15种敲奏技法构成独具地方色彩的鼓乐。传统绛州鼓乐锣鼓曲牌有"小秦王乱点兵""三请诸葛亮""八仙过海"等,但其在继承传统的过程中也不断融入新时代民众的喜好,如诙谐幽默的《老鼠娶亲》、气势恢宏的《秦王点兵》、促膝谈笑的《拉呱》、热情奔放的《晋南花鼓》等曲目,无一不以鼓乐这一独特的语言讲述着一方水土人民的生产生活,展现着一个民族的热血豪情。2021年,凭借绛州鼓乐,新绛县被文化和旅游部命名为"中国民间文化艺术之乡"。

---

① 张于铸纂、李焕扬修《光绪直隶绛州志》,载于《中国地方志集成》(第59卷),第35页。
② 杨兆泰纂、徐昭俭修《民国新绛县志》,载于《中国地方志集成》(第59卷),第440页。

第一章 走进绛州

绛州鼓乐　贾耀辉/摄

2.绛州剔犀技艺

绛州剔犀技艺，又称漆器髹饰技艺，为雕漆工艺之一。雕漆工艺始于唐代，剔犀定型于宋代，剔犀漆器的制作以采漆、制胎、制漆、灰胎、髹漆、绘图、雕刻、打磨推光八大工序为主，工艺周期至少12个月。剔犀漆器在以木质为主的胎体上，交替使用朱、黑、黄等三种（或两种）色漆反复涂刷，待其堆积到一定厚度后，随纹样剔刻出各式图案，使不同颜色的漆层在刀口的断面显露出形似犀牛皮质的断面肌理效果，故名"剔犀"。因其纹样多使用回纹、云钩，回旋生动，流转自如，断面显露宛若天上彩云的纹理，故又誉之为"云雕"。[①]剔犀漆器以瓶、盒、筒等中小型器物居多，兼具实用、欣赏和收藏等多种价值。剔犀漆器造型考究，色泽乌亮，如意云纹圆润流畅，百转千回，古朴典雅。2011年，绛州剔犀技艺入选中国第三批非物质文化遗产代表性项目，属传统技艺类别。

绛州的剔犀技艺几起几落。1958年，山西省新绛县成立新绛云雕漆器工艺厂，如今新绛县内已发展出多个大小型从事云雕漆器生产的企业。然而，由于剔犀技艺生产环境严格、工序繁杂、生产周期长，且技艺独特，无法采用机械化生产替代，产量始终维持在一定范围内，是中国漆器文化遗产中的珍品。

---

① 据"中国非物质文化遗产"网："https://www.ihchina.cn/project_details/14546"。

第一章 走进绛州

绛州剔犀技艺　贾耀辉/摄

二、政府主导，民间参与

从我国非遗保护政策动态演变看，由"十五"时期的"抢救保护"到"十一五"时期"重点保护"的"保护为主"阶段，发展到从"十二五"时期"生产性保护"，再到"十三五"时期鼓励"活化利用"的"合理利用"阶段，体现了国家对非遗"文化价值"的重视到对"经济价值"的发现的认知逻辑，凸显了从强调"抢救第一"到加强"重点保护"，再到鼓励"合理利用"的政策发展逻辑。[①]在这一动态演变过程中，非物质文化遗产的保护与传承采取以政府主导、民间参与的实践途径，近年来逐渐发展为由政府引导、民间"唱主角"的趋势。

2005年3月26日，国务院办公厅下发《关于加强我国非物质文化遗产保护工作的意见》，正式拉开了我国对非物质文化遗产保护的序幕。在保护工作开展初期，国家构建"政府主导，社会参与"的模式，尝试建立国家在文化建设中的主体地位与政府主导文化发展的局面。根据《国家级非物质文化遗产代表作申报评定暂行办法》，我国在这一时期建立起四级非遗代表性项目名录制度体系，为代表性项目的有序申报、保护及传承提供了制度

---

① 黄永林、李媛媛：《新世纪以来中国非遗保护政策发展逻辑及未来取向》，《民俗研究》2023年第1期。

性保障，并于2006年公布了第一批国家级非遗名录。如今，国务院公布了五批国家级项目名录，共计1557个国家级非物质文化遗产代表性项目，分属十大门类。

伴随着我国非遗代表性项目保护工作的深入以及对非遗工作的进一步实践与反思，国家级文化生态保护实验区的尝试性建立，国家与政府开始逐渐意识到"以人为本"的原则在保护非物质文化遗产工作中的重要性。2008年，《国家级非物质文化遗产项目代表性传承人认定与管理暂行办法》等相继出台，政策重心逐渐向非遗"传承人"转移，开始建立非遗项目代表性传承人认定制度。这一时期，政府针对保护和传承非遗文化过程中起重要作用的传承人，就各个非遗项目实施建立非遗传承模式，不断完善传承体系，积极开展组织非遗传承群体研修研习培训，鼓励并支持开展传承活动，以培养传承人；传承人队伍在政府的多方面鼓励与支持下不断壮大，非遗传承人的文化素质和社会责任感也得到一定程度上的提高。但是，国家通过文化行政的"有形之手"，以主导地位推动非物质文化遗产的发展，民间社会在这一过程中只是非遗保护工作的从属者。2021年5月，文化和旅游部印发了《关于印发〈"十四五"非物质文化遗产保护规划〉的通知》，在基本原则中提到

"坚持以人民为中心",并指出要"推动非遗融入人民群众生产生活,让人民参与保护传承,让保护成果为人民共享,不断增强人民群众的认同感、参与感、获得感,铸牢中华民族共同体意识"①。非物质文化遗产的传承与保护不单是国家文化行政部门与当地政府的工作与责任,社区群体、民间话语与公民态度也是非物质文化遗产保护与传承工作中至关重要的一个部分。

  山西省作为中华文明的发祥地之一,数千年黄河文明的积淀,使得这片土地上形成并传承着丰富多彩的非物质文化遗产。对于非物质文化遗产的保护,山西省紧跟国家政策的步伐,积极建立和发展非遗保护体系。2005年,山西省出台了《山西省人民政府办公厅关于加强我省非物质文化遗产保护工作的实施意见》;2012年通过了《山西省非物质文化遗产条例》,并于2013年1月施行;2016年,省财政厅和省文化厅下发了《关于印发〈山西省非物质文化遗产保护专项资金管理办法〉的通知》,对非遗专项资金的支出方向做出了明确的规定,其中第七条指出:"项目保护补助资金主要用于省级非物质文化遗产代表性项目、省级代表性传承人、省级文化生态保护区等相关支出。"2018年,省文化厅下发《关于贯彻落实〈中国传统工艺振兴计划〉的实施意见》。另外,在人才培育方面,2019年山西省印发了《山西省非物质文化遗产传承人群、工艺美术人才培训计划实施方案》,还制定了《山西省工艺美术人才和非遗传承人培训总体方

---

① 据"中国政府网":"https://www.gov.cn/zhengce/zhengceku/2021-06/09/5616511/files/3953c9f8a68f4d6baa61adbaa4817827.pdf"。

案》。2022年4月,山西省文化和旅游厅印发了《关于进一步加强非物质文化遗产保护工作的实施方案》,提出全面开展调查记录工作,以丰富完善代表性项目,充实代表性传承人队伍,提升区域性整体保护水平,推进传承体验设施建设,同时完善理论研究体系。综上山西省有关非物质文化遗产的保护政策的制定与实施,可见山西省对非物质文化遗产保护的重视程度。

以绛州鼓乐和澄泥砚制作技艺为代表的国家级非物质文化遗产代表性项目在以政府为主导政策实施的过程中,开始积极走出乡土,走向世界,积极参与文艺演出活动、文化博览会等官方组织举办的海内外大型活动。以绛州鼓乐为例,在被列入国家级非物质文化遗产名录后,多次参与大型海内外活动:2007年3月至5月赴美国、加拿大,在华盛顿州、俄勒冈州、纽约州等25个地区巡演,共演出31场,在北美掀起一阵中国擂鼓旋风;2007年11月6日,参加中央电视台民族器乐电视大赛开幕式演出;2008年8月1日,赴北京参加天安门广场大型文艺演出"祝福北京奥运——山西专场"演出,成

2008年6月,澄泥砚制作技艺入选"国家级非物质文化遗产"名录

贾耀辉/摄

为中国鼓乐、山西文化的代表之一。①我国非遗保护工作与非遗文化海内外传播在这一时期达到了一个高潮,非遗文化的知名度与影响力成为中国文化的名片之一,向世界各地展示了博大精深的中国文化与独属于东方的中国智慧。

在国家政策的扶持与自身的不懈努力下,绛州澄泥砚多次参与国际国内大赛与展览。例如2006年,蔺涛凭借砚品《云海腾蛟砚》首次荣获世界手工艺品的最高荣誉——联合国教科文组织颁发的"世界杰出手工艺品徽章";2008年,蔺涛凭砚品《箕形梅花砚》第三次荣获世界手工艺品的最高荣誉——联合国教科文组织颁发的"世界杰出手工艺品徽章";2009年在第二届"中华民族艺术珍品文化节"上,《草堂松风砚》入选"中华民族艺术珍品"。②

① 毛琭、毛上虎:《绛州鼓乐》,北岳文艺出版社,2023,第147—148页。
② 蔺涛、解玉霞:《绛州澄泥砚(2013年山西文博会特刊)》,内部资料,第12页。

第二章

历史探源

砚台，与笔、墨、纸，合称中国传统的文房四宝。"笔之用以月计，墨之用以岁计，砚之用以世计。"作为中国传统手工艺品之一，砚台不仅是集雕刻、绘画于一身的文具，更是儒家传统耕读文化的具体载物，是体现中华民族家庭教育中重教务学、以文传家观念的文化器物。澄泥砚作为四大名砚之中唯一的陶砚，长期以来一直以"贮墨不耗，积墨不腐""呵气生津，触手生晕""发墨而不损毫"等特点在砚界享有盛名。

第一节　澄泥砚历史沿革

砚之起源甚早，从考古发现的资料来看，砚台最早是从研磨器逐渐演变发展而来的，而这种研磨器在新石器时代就已经出现。1958年陕西宝鸡出土的"双格石研磨盘"被认为是中国最原始的石砚，也是最早的绘画工具之一。该盘现存于国家博物馆，其形椭圆，石质粗糙，上面极少量残存红颜料痕迹。新石器时期以天然矿物石颜料块经过研磨作为绘画时的用色，而那一时期的彩陶就是用天然矿石颜料画的。由此可见，"双格石研磨盘"的功能与实用砚基本相符。

秦汉时期，研磨器有了较大的发展，由多种研磨功能逐渐演变成专为书写、绘画所用的砚，完成了由研磨器到书写用砚的过渡。东汉刘熙《释名》中曰："砚，研也；研墨使和濡也。"自此，"砚"之名开始使用并延续至今。从材质上而言，秦汉时期的砚台质地以石为主，也有玉、木等其他材质，要求唯坚硬耐磨即可。西汉时期，砚台材质的选择上出现由石质向陶泥质转变的趋向；在造型上初步形成了美化的趋势，纹饰和雕工由朴素、粗糙向复杂、精美转化，而造型和纹饰也随同时代的艺术形式和审美观念有所变化，其中陶泥材质具有较强的可塑性，因而在造型和纹饰塑造上相比于中规中矩的石砚更具生机与活力。作为澄泥砚的前身——陶砚，在汉代的生产与使用已开始出现并趋于成熟，其中以十二峰陶砚与直颈单龟陶砚为代表。①

魏晋南北朝时期，石砚有了较大发展，其他材质的砚台，如陶砚、铜砚、铁砚等也有不同程度的发展。随着黄河流域和江南地区青瓷的出现和发展，这一时期出现了青瓷砚：以瓷土为胎，施青釉，砚堂无釉，造型仍多为圆形带足；在雕刻纹饰上，主要以几何纹、植物纹、动物纹、人物纹等纹饰为多；在功能上，开始同时具有实用和装饰两个方面的特点。这一时期的陶砚造型以圆形、双足箕形为多，虽瓷砚在结合瓷器烧制而成的技艺与色泽鲜亮的外形上优于陶砚，但其烧结程度不高，会出现渗水、渗墨等现象，因此这一时期陶砚仍继续风行。②

隋唐时期，社会政治稳定，文化繁荣发展，尤其是科举制度的施行，使得天下文人对砚台的需求量大大增多，由此促进砚台材质及工艺有了更进一步的发展。为满足供大于求的市场，各地开发出不少独具特色的砚材，例如：山东青州的红丝砚、广东肇庆的端砚、安徽歙州的歙砚、甘肃洮州的洮砚等；砚的造型除单纯的三足式外，出现了圈足、多足、辟雍砚

---

① 蔺涛：《中国名砚·澄泥砚》，第11页。
② 蔺涛：《中国名砚·澄泥砚》，第14页。

等造型，其中最享美名的突出形制是两足箕形砚。这种两足箕形砚，砚首稍窄，砚尾略宽，形似"风"字，也称"风字砚"。这一时期，重视书法、以文取士的风潮已然形成，文人士大夫的热衷促进了书法艺术的繁荣，由此以红丝、端、歙、洮为主的"四大名砚"基本确立。这一时期的砚台仍以陶砚为多，但材质种类更为丰富，包含瓷砚、澄泥砚、瓦砚、砖砚、缸砚、紫砂砚等等。关于澄泥砚，相关论述颇多。唐代文学家韩愈在《瘞砚铭》中说："土乎成质，陶乎成器"，"砚乎砚乎，与瓦砾异"。唐代书法家柳公权在《论砚》中评价"蓄砚以青州（指青州"红丝石砚"）为第一，绛州（指绛州澄泥砚）次之，后始重端、歙、临洮"，将澄泥砚列为"名砚"的第二位。宋代李之彦《砚谱》中说："虢州澄泥，唐人品砚以为第一。"明代高濂在《遵生八笺》中指出："唐之澄泥砚品为第一。"《陕州志·物产》载："澄泥砚，唐宋皆贡……澄泥砚，唐人品之以为第一。"[①]这些对澄泥砚的高度评价，足以证明澄泥砚在中唐后期技艺之高超。

宋元时期，中国经济文化达到了一个新的高潮。作

---

① 蔺涛：《中国名砚·澄泥砚》，第17页。

为唐代砚形的延续，文人在其实用的基础上对其审美要求也有所提升，鉴赏和收藏名砚已成为文人日常娱乐和消遣的一部分，宋砚开始从文房用品逐渐发展成为艺术品。就形制而言，宋砚重器型，精致大气，柔美中不失刚劲，自内而外包含儒雅之韵，故有"宋形"之称，如这一时期出现了一种体轻且稳的造型，人们称之为抄手砚的砚形。抄手砚制作讲究，线条处理流畅，造型大方稳重，体现了当时的工艺水平及艺术风格。随着澄泥砚制作技术的日臻成熟，品质也趋完美，雕饰也更加多样化，同时完全解决了贮水微渗的问题。宋代制作澄泥砚的名师高手中，以山西泽州的吕道人和湖北武昌的万道人知名。据说吕道人制作的澄泥砚质坚如石，可以试金，划之无痕，滑润宜墨，磨出的墨汁，光溢如漆。①由此，从宋代起，澄泥砚代替了红丝砚的地位，成为我国"四大名砚"之一。

到了明代，砚台已成为置于案头的工艺品，其主要功能由实用变成了以艺术欣赏为主，进而成为一种收藏品。这一时期，制砚材质增多，部分不适用于研磨的材料，如翡翠、象牙等也因工艺美术的需要开始出现；砚台的形制也一改之前的单纯实用，纹饰雕刻纤细工巧，豪华繁缛；艺术性、收藏性和欣赏性成为主要功能，逐渐取代之前的实用性。这一时期，砚台制作技艺与纹饰等方面进一步发展，制砚进入一个鼎盛时期。

明末清初，与优质石砚的发展壮大相比，澄泥砚的处境江河日下，技

---

① 蔺涛：《中国名砚·澄泥砚》，第23页。

艺几近失传，甚至出现了三百余年的断档。

20世纪80年代末，蔺永茂与其子蔺涛历经千辛万苦研究澄泥砚制作技艺并将其恢复，绛州澄泥砚重新在砚海中展露新姿，成为古城绛州的一大地方特产。

第二节　有关绛州澄泥砚的传说

砚台作为中华民族特有的器物，是不同时代审美观念、制作工艺及文化内涵的承载物。绛州澄泥砚在其悠久的历史发展中，随之而生的美好传说故事或以生动的情节诉说其来源，或以砚为物托展示中华民族的传统美德。以下三则传说故事皆由王学程搜集整理，并录于《古绛州的传说》一书中。

一、古砚风波

泽掌卫家，在明清时期，可称得上是绛州的头号财主，盖的前庭后院，雕梁画栋，可与《红楼梦》中的大观园相媲美。

传说，卫家老掌柜年轻时曾在兰州一家银号里当学徒。一年春节，他回乡省亲，在三边交界处从一个猎人手中买下一只银狐狸，并将其放归荒山。后来，狐狸为报恩变成美貌女子嫁给他。两人成亲后，事事如意，样样称心，四路进财。没几年时间卫家就大富起来，银号、当铺、商行、客栈，一派兴旺气象。

虽有家财万贯，但老掌柜仍有心病难解：人丁兴旺却少读经书，文风不振，宦海无路，不能光耀门庭。他高薪聘请有学问的老夫子，在府内设帐教授儿孙。一天，有人怀揣一方澄泥古砚来卫府说要兑换银两，出口要价白银百两。这一下把管家、师爷们给吓住了，他们都认为区区一方泥砚，哪值许多。众人请书房老夫子鉴赏。夫子说出澄泥砚名列四砚之首，要求一睹古砚。来人不慌不忙将砚盒打开，便见一方古朴的盘龙砚鳝鱼黄色，晶如玉璞；在砚池倾入清水，即现出两条小龙，争戏一颗红珠，活灵活现，非常可爱。夫子说确是一件罕见的精品，老掌柜遂按价买下。

没想到，买下这方古砚，竟给兴旺发达的卫家招来了许多麻烦。自此之后，不是夜里飞来蒙面人威胁要砚，就是官府要砚进贡朝廷。面对这一局面，老夫人心生一计。一天，她借故大宴亲友，酒席宴上让众人传看古砚。传看完毕，她让家郎用铁锤当众击碎古砚，以消灾免祸。果如所料，从此以后，卫家家门安静，纷扰再无。但是，谁也不知道，那日当众摇碎的是一块赝品，而真的澄泥砚，则在老掌柜百年后随老掌柜一起被埋在了地下。

"大跃进"时，卫家古墓被发掘，古砚再次现世。之后，卫家后代将古砚献给国家文物局，现藏于故宫博物院。

二、鲤鱼报恩

年年三月桃花盛开的时候,黄河下游各支流的鲤鱼都聚集在龙门山的山脚下,等待春汛潮涨,以跃龙门化龙升天。

这年春三月,汾河鲤鱼精游到龙门山下和各河而来的鲤鱼相聚,等待潮涨跳跃龙门。大小不等的鲤鱼,都是第一次来龙门山,眼看山断河出,涛如雷鸣,黄河两岸崇山峻岭、悬崖峭壁,都十分惊骇,说:"山高水急怎跳呀?"

"跳不过去定会被摔死!"

众鱼不知如何是好时,一条身长七尺的大红鲤鱼说:"让我先来试一试。"说着,他迅速飞退半里地外,鼓足勇气,振鳍贴水飞到龙门山脚,纵身飞跃到半山云里,眨眼工夫带动云雨雷电,滚滚向前。然而,一团天火在他身后赶来,烧掉了他的尾巴。他忍着疼痛,三越苍穹,终于跳过龙门山。

聚在山脚看大红鲤鱼飞跃龙门的一众鲤鱼见此情景,谁也不敢再出头了。众鱼正在忧虑之际,一声炸雷,一条红龙张牙舞爪,行云走雨地来了。众鲤鱼正不知如何是好,忽听红龙说:"我是大红鲤呀!大家别惊慌,跳过龙门,朱红点额就升天成龙了。大伙来跳啊,跳啊!"

在大红鲤的鼓励下,不少鲤鱼学着大红鲤的样子,奋力争跳。不过,跳过龙门的极少,跳不过去的,额头上都落下了一个黑疤点。汾河鲤鱼精就是那没跳过龙门的。他无精打采地准备返回汾源。路过泽州地面,他想了想,摇身变成一位潇洒的秀才,投身在汾河岸畔自办私塾的老夫子门下,苦读经书。

设帐授徒的老夫子,生活极其清苦。他一边教书,一边从汾河取泥制作陶砚,并凭这两项收入糊口。鲤鱼精在夫子门下苦读一年有余,终日伴夫子左右。他从老师的生活联想到自己:三跳龙门不过,破灭了鱼龙变化的希望;十年寒窗苦用功,而金榜题名却遥遥无期。他思前想后,觉得不如投身红炉,报恩老师,还算有所奉献。

陪夫子在砚窑旁劳累了三天三夜后,他趁老师打盹之际,跳入窑膛。霎时间,熊熊烈火呈现五颜六色,奇光异彩!

老夫子醒来,不见身边的学生,很觉奇怪。他打开窑门一看,便见满窑陶砚晶莹玲珑。砚成出窑,多是鳝鱼黄、蟹壳青、虾头红、豆砂绿,皆是精品。此后,"绛州澄泥砚"便出世了。

老夫子非常思念学生,但苦于音信皆无。一天,他意外地翻出学生留给他的自白诗一首:

我本汾河鲤,龙门失机宜;

为报师大恩,投身炼澄泥。

三、梅香唾玉

绛州城郊，汾水河畔，有个于家庄，早前曾出过一个姓于的秀才。他满腹经纶，学富五车，只可惜连连榜上无名，把一份好家产全都花费到赶考应试途中了，家境由此愈来愈穷困。

于秀才年过半百，膝下只有一个千金，乳名梅香，生得聪明伶俐，窈窕多姿，是于家老两口的掌上明珠。女儿长大懂事，眼看爹爹日渐衰老，心中不忍，便再三劝说，于秀才从此死了考取功名的痴心。经朋友介绍，于秀才到州城一家豪绅家中当西宾，课教子弟。这个豪绅姓朱名富林，祖上也曾有人在朝为官，但后来因官倒私盐被杀了头。然而，朱家子孙并不以此为耻，收敛恶习，反而仗着钱势，勾结官府，欺压乡邻，就连家中的奴仆也是狗仗人势，助纣为虐。朱富林让儿子念书，目的是认几个字装门面，实际并不指望儿子能金榜题名。于秀才到朱家没多久，就了解到主人的意图，心中很不痛快。

一天，于秀才让朱富林的儿子朱宝背《三字经》，朱宝背的是："人之初，性本善，妈妈给我煮鹅蛋……"于秀才听朱宝胡言乱语，气不打一处来，把戒尺在桌上一拍，斥责了朱宝几句。朱宝趁势滚倒在地，撒起泼来，爹呀、娘啊乱叫乱嚷："老师打我了！老师打我了！"朱富林的老婆"老少迷"跑到书房拉起滚在地上的儿子说："不看看你那个穷酸相，还敢打我这金枝玉叶、宝贝心肝。"说着，她抱起儿子就走。下午，朱富林回来听说此事，便将于秀才唤到客厅说："我儿子学有饭吃，不学也有钱花，你可善意诱导，不该动棍动棒，那细皮嫩肉能吃得住打吗？"冷言冷语，刺到于秀才痛处，气得他浑身哆嗦、手脚打战地回到书房。

于秀才在书房生了一会儿闷气，心想挥毫落纸写几幅字，发泄发泄胸中的郁闷。端过陶砚，取过龙门香墨，倒上清水磨墨时，他精神恍惚，"啪"的一声，陶砚落地，碎成数块。他刚要弯腰收拾，恶奴小五子看见了，便说："于秀才怒摔陶砚，羞辱主人。"朱富林听说，气得七孔生烟，怒冲冲再进书房。他指着地上的碎砚说："这是传家之宝，唐代的绛州澄泥砚，价值连城。你回去变卖家产，赔我一方澄泥砚了事！"说罢，他转身命令恶奴小五子："让他立下字据，送他回家。"

于秀才回到家里，对梅香母女讲了打碎陶砚的经过。母女二人听罢，抱头痛哭，这更加重了于秀才的痛苦。哭了一阵后，于秀才劝说："事到如今，哭也无用，古籍中有焙烧澄泥砚的方法，我们可烧砚还他。"

夜里，于秀才灯下琢磨制砚的方法，次日一大早便下汾河捞泥，照葫芦画瓢地行动起来。一天过去了，一月过去了，一年过去了，一家三口累得筋疲力尽也未烧出澄泥砚来。今天朱家恶奴摧，明天朱家恶奴逼，把于秀才搅得一刻也不能安宁。一天，于秀才和梅香耗尽心血，装满一窑陶砚。砚窑点火两天后，朱富林率家奴找上门来。在砚窑前，他瞧见梅香姑娘，火映身影，面似桃花，美如天仙下凡，遂心生歹念。他对于秀才说："一块澄泥砚一拖再拖，就凭你那两下子，能烧出澄泥砚，真是异想天开！我今天亲自来到你家，心想把你这个窝给端了。不过，"他斜眼瞟着梅香，接着说，"还有这一个宝贝，让她过我府去，给我大儿子作媳妇。咱两家结成亲家。澄泥砚嘛，好说，好说。"

哈巴狗小五子听了，急接话茬："听见了吗，这是叫花子啃萝卜——天官赐福，是你盖二十四床被子也难梦见的好事，别折腾了，过两天把小妞送上朱府来！"

于秀才听到这里，怒发冲冠，像头发了疯的狮子，从窑前站起，手指朱富林："你！"可他话还未出口，就昏厥在窑前。梅香和母亲慌忙上前抱起于秀才，一家人哭作一团。

朱富林看此情景，招呼小五子溜之大吉。小五子边走边说："三天后不送人，我们来抬。"朱富林一伙夹起尾巴，急急跑掉了。

于秀才一气之下病倒了，焙烧澄泥砚的活便只能由梅香独顶。砚成闭火，梅香打开窑门一看，一窑陶砚，颜色混杂，五光十色，不分眉眼。梅香弄不清是何状况。她眼前掠过朱富林的丑恶面貌，耳朵里回响起他冷酷的声音，又想到爹爹、母亲，霎时间只觉天旋地转起来。她双手扶着窑门，禁不住"哇、哇"几口鲜血喷进窑膛后，软软地倒在地上。

当梅香醒来的时候，她眼前摆着一块块色泽光洁的玫瑰紫、鳝鱼黄晶莹可爱的澄泥砚,泪水如打开闸门般滚滚流出!

于秀才如痴如傻,捧着澄泥砚说:"皇天佑我,皇天佑我!难得的澄泥砚出世了!"

故事的结局,咱就不讲了!朱富林敲诈于秀才的美梦,是狗咬尿泡——一场空。

第三节　澄泥砚颂诗楹联

一、澄泥砚之诗词砚铭

自唐宋起,澄泥砚作为陶砚之精品,在砚谱或文人墨客之诗词中留下属于其独特的印记。北宋大文学家苏辙借澄泥砚言志,写下《子瞻见许骊山澄泥砚》[①]:

> 长安新砚石同坚,不待书求遂许颁。
> 岂必魏人胜近世,强推铜雀没骊山。
> 寒煤舒卷开云叶,清露沾流发涕潸。
> 早与封题寄书案,报君湘竹笔身斑。

其兄苏轼和诗,写下《次韵和子由欲得骊山澄泥砚》:

> 举世争称邺瓦坚,一枚不换百金颁。

①苏辙:《苏辙集》(卷二),陈宏天、高秀芳点校,中华书局,1990,第20—21页。

>岂知好事王夫子，自采临潼绣岭山。
>
>经火尚含泉脉暖，吊秦应有泪痕渍。
>
>封题寄去吾无用，近日从戎拟学班。①

除文人墨客外，皇家天子也为澄泥砚题诗留铭。清代乾隆皇帝为澄泥砚题诗《咏汉澄泥砚》②：

>宝藏汉时墨，器类楚王砖。
>
>质异洪家谱，珍传朱氏编。
>
>陶泓信此耳，居默彼谁焉。
>
>设寄凤池客，宁知八影迁。

之后，更为宋宣和澄泥砚留笔，作《题宋宣和澄泥砚》：③

>澄泥贡砚识宣和，小篆分明泐未磨。

---

① 张志烈、马德富、周裕锴主编《苏轼全集校注》（第1册），河北人民出版社，2010，第431页。

② 石光明、伍跃、董光和选编《乾隆御制文物鉴赏诗》，书目文献出版社，1993，第693页。

③ 石光明、伍跃、董光和选编《乾隆御制文物鉴赏诗》，第696页。

抚不手留质古玉，映教心澹色春波。

出陶底异铜台瓦，受墨偏宜棐几娥。

温室余闲常命什，敕几惟觉惭赓歌。

清代学者于敏中编纂的《西清砚谱》，为当时内府所存之砚绘图著说，并记述了各砚之来源。乾隆在《御序》中言："内府砚颇夥，或传自胜朝，或弃自国初。"该谱先录陶砚，上自汉代，下止明制；次为石砚，自晋至清。据《重印〈西清砚谱〉序》讲："澄泥砚主要产于山西绛县（指绛州），用纱囊浸于汾水中流集的纯细之泥，烧制为澄泥砚，产量之少，远逊于石砚，故传世的真澄泥砚极为难得。"砚谱所录共240枚砚品，澄泥砚就占51枚，文字题名绛州的澄泥砚有11枚。从乾隆皇帝的御题砚铭不难看出，乾隆尤爱澄泥砚。诸铭概述：澄泥砚罕见于世，泥坚如石，润如玉。[1]以下为乾隆题铭绛州澄泥砚的史资：

1. 御制唐八棱澄泥砚铭[2]

汾水澄泥绛县制，贾氏谭录详纪事。

建武庚子分明识，海马飞鱼出波际。

佐我文房之五艺，挥毫只欲书亥字。

---

[1]《绛州澄泥砚文史资料》，山西省新绛县绛州澄泥砚研制所，内部资料，第41页。
[2] 上海书店出版社编《西清砚谱》，上海书店出版社，2010，第39页。

2. 御制宋澄泥虎符砚铭[1]

闻之说,命事须师古也。物岂不然?于砚,尤宜斯语也。宋代澄泥,其形为伏虎也。小篆曰符,盖以用于军旅也。磨盾伊谁,爰乃成其露布也。观象玩占;我则念夫革之九五也;自新新民,应天顺人之矩也;古色斑斓,文房朝夕与处也;曰金曰石,无不可也;世间万物,曷莫不生于土也。

3. 御制宋澄泥石函砚铭[2]

绛州泥,谁为澄;端溪石,谁为形?泥而石,非所料;石而泥,非所较。一而二,二而一;水为入,墨为出。背画井,思复古也;面磨凹不可补也。经世修身,宜思何以自处也。

---

[1] 上海书店出版社编《西清砚谱》,第46页。
[2] 上海书店出版社编《西清砚谱》,第55页。

4. 御制宋澄泥海岳砚铭①

出陶虽非未央瓦，亦自七百年下上。视之如石黝而赭，持轻呵润真泥也。澄于绛县纱囊者，化脆为坚信神冶。海岳庵中老颠把，书画超凡似诚寡。何来文房佐儒雅，用缅伊人率欲舍。

5. 御制宋四螭澄泥砚铭②

绛县秀质，琢为八方。具有卦义，画肇羲皇文字之始，孰尚乎此！研制澄泥，静用久矣！穆如其故，郁若其文；四螭游池，蜿蜿蜦蜦。外泥斯铜，内泥斯石，识泥于何，余兹墨汁，文房雅友，憬然以思，数百年前，用者伊谁？

6. 御制宋澄泥蟠螭砚铭③

囊汾水之土乎？规南皮之瓦乎？是何质坚而色古乎。扣之铿然如戛金石，其馀韵悠扬，又如琴瑟之搏拊乎。蟠以文螭，有若蛟龙之兴

---

① 上海书店出版社编《西清砚谱》，第66页。
② 上海书店出版社编《西清砚谱》，第69页。
③ 上海书店出版社编《西清砚谱》，第77页。

云雨乎。研乎，研乎，供奉懋勤，涣汗其大号。涣王居庶几无咎乎！

7. 御制宋澄泥夔纹砚铭①

抚如石，呵生津；黄其色，夔其文。夔者夔也。吾因以缅舜命教，胄子之为也。

8. 御制宋澄泥直方砚铭②

正紫色而坚凝，如端石出于旧坑。叩以铿锵，为金玉声。虽无吕字，可定其为泽州吕老之所手成。迩日，名砚乃接踵呈为君者，其好不可不慎也。用为铭以自惩。

①上海书店出版社编《西清砚谱》，第79页。
②上海书店出版社编《西清砚谱》，第80页。

9. 御制题元虞集澄泉结翠砚①

绛纱漉取历陶甄,泥也而今较石坚。
通奉信称能体物,溯源结翠到澄泉。

10. 御制旧澄泥玉堂砚铭②

欲善其事,先利其器。卅年始用澄泥习字,曰:"实疏乎!斯亦有义,初缘弗知。兹知乃试,偶命求之,不胫而至。汾水之泥,墨池之制;色古质润,体轻理致。比玉受墨,较石宜笔,临池虽助书法,实愧。更予戒哉,玩物丧志。

11. 御制旧澄泥伏犀砚铭③

陶汾泥兮,略异都侯。造无吕字兮,知成宋代,赵同为旧兮,底较年多少,刻伏犀兮,喷薄墨池,表鉴千古兮,奚藉燃以照。静为用兮,永年光则葆。

①上海书店出版社编《西清砚谱》,第92页。
②上海书店出版社编《西清砚谱》,第105页。
③上海书店出版社编《西清砚谱》,第108页。

12. 御制宋澄泥虎符砚铭①

汾州旧制橐沙泞,是陶是冶良工整。如金如石为用静,大人虎变其文炳。自新新民吾应省。

二、绛州泥砚之现代颂诗楹联

近年来,在积极宣传优秀文化、弘扬国粹经典的过程中,许多文人为澄泥砚写下颂诗等文学作品。以下颂诗和楹联均出自中国绛州澄泥砚首届国际征诗征联获奖作品,来源于《诗联翰墨绛州魂》②。

1. 颂诗

咏绛州澄泥砚

王超群

磨尽书生苦与愁,功名一纸化春秋。
心无杂念真情蕴,墨有余香浩气流。
白雪焙烧成砥柱,黄丹雕刻作鳌头。

---

① 上海书店出版社编《西清砚谱》,第52页。
② 蔺涛:《诗联翰墨绛州魂》,中国诗词楹联出版社,2014。

为人莫笑微尘贱，不落汾河誓不休。

七律·绛州蔺氏澄泥砚

杨晓雁

千沉万滤浪淘沙，妙手回春唤物华。
素质凝香明似玉，冷泥蹈火艳如霞。
但怜呵气津生露，最喜和烟墨吐花。
廿载砚田追远梦，琢成大器不虚夸。

题绛州澄泥砚

严金海

巧夺天工月影低，名师手下出珍圭。
山川孕育藏潜质，水火陶熔现彩霓。
细若童肌贤达爱，坚如铁石帝王迷。
休言宝砚连城价，始自汾河一捧泥！

五排·参观澄泥砚博物馆有感

张明昭

堪怜方寸瓦，古邑偶相逢。
才慕玫瑰紫，又惊珪璧红。

涵星花露隽，积翠豆青工。
画案檀香漫，芸窗蝶影空。
参差型各异，璀玮韵咸同。
色泽烟霞聚，光华山海融。
质坚端石比，莹润水精笼。
濡墨三江月，挥毫万壑风。
非经真火炼，安得叹玲珑？

绛砚文化园畅想曲

杨逸民

绿影侵湖蕊斗芳，琼楼藏砚玉争光。
诗花韵合玫瑰紫，联墨香生鳝肚黄。
妙品全凭心血铸，佳声已向海天扬。
峰登绝顶陶泓艺，追梦扶摇鹏翼张。

2. 楹联

天地我磨开，日月澄泥化道；
春秋谁继起，风流蔺氏传奇。

——方应展

取于水而成于火，未待人磨，先承天砺；

质若石而价若金，虽为泥刻，却赛玉雕。

————李强

得绛州灵秀所钟，泥生玉质；

鉴汾水波澜之壮，砚有文心。

————钟宇

海马飞鱼，不离汾水《拜新月》；

朱砂绿豆，相守砚池《点绛唇》。

————张兴贵

汾水悠悠，澄淤泥而不染；

绛州浩浩，出名砚以长兴。

————胡宝珍

第三章

艺术形态

绛州澄泥砚制作技艺,经过滤、制坯、雕刻、焙烧等几十道工序,历时年余制出成品。其特点质坚莹润,哈气生津,抚似童肤,纹理纷呈,色泽素雅,应用时晶莹细腻,不损笔毫,贮水不涸,厉寒不冰,发墨极速,墨色泛光;由于土质与火候的不同,造就了澄泥砚拥有多种绚丽的色彩,其中"鳝鱼黄""豆砂绿""蟹壳青""玫瑰紫""朱砂红"都被视为难得一见的珍品,深为历代帝王和文人学士所喜爱。

第三章 艺术形态

第一节 匠艺匠心

作为中国"四大名砚"中唯一的陶砚，澄泥砚不仅"取之于水而成之于火"，需要对原材料进行加工后入窑烧制，其余的制作工序也与其他三家有很大不同。北宋苏易简就曾在其所著的《文房四谱》中对古时澄泥砚的制作技艺有过记录："以墐泥令入于水中，挼之，贮于瓮器内。然后别以一瓮贮清水，以夹布囊盛其泥而摆之，俟其至细，去清水，令其干，入黄丹团和溲如面。作一模如造茶者，以物击之，令至坚，以竹刀刻作砚之状，大小随意，微荫干，然后以刺刀子刻削如法，曝过，间空埵于地，厚以稻糠并黄牛粪搅之，而烧一伏时。然后入墨蜡贮米醋而蒸之五七度，含津益墨，亦足亚于石者"[1]。

如今，绛州澄泥砚的生产基地位于山西省新绛县光村的山西绛州澄泥砚研制有限公司，内设多功能车间

---

[1] 苏易简：《文房四谱》，许琰、吴长城译注，吉林大学出版社，2021，第180页。

（澄清、过滤、陈腐、揉泥）、设计工作室、阴干车间、雕刻车间（又名"中华第一砚"）、烧窑处、水磨车间、包装车间（又名"宝藏珍品"）等。制作工序主要包含以下十道工序（又称为"澄泥砚制砚十法"）：

一、澄泥采样

制作绛州澄泥砚的主料是汾河河床上淤积的优质河泥。然而，由于汾河河水流量下降（经年水土流失导致）以及沿岸环境污染，古时的采泥法已不再适用。[1]如今，匠人们一般使用汾河古河床上沉积的河泥来制作澄泥砚[2]，一次取用约可供应10年[3]。

二、澄清过滤

澄清过滤是保证成品砚台泥质细腻的关键工序，也是澄泥砚制作工艺中最具特色的一步。将筛选出的泥料倒入粗陶质地的大缸中，均匀搅拌，使泥与水充分混合。[4]再用不同粗细的筛子进行约15次过滤。[5]待缸中的水

---

[1] 蔺涛：《中国名砚·澄泥砚》，第106页。
[2] 同[1]。
[3] 被访谈人：蔺涛，男，1968年生，新绛县人；访谈人：高忠严、常琳、白艺娜、郭畅；访谈时间：2023年6月23日；访谈地点：新绛县光村绛州澄泥砚生产基地。
[4] 蔺涛：《中国名砚·澄泥砚》，第107页。
[5] 被访谈人：蔺霄麟，男，1990年生，新绛县人；访谈人：高忠严、常琳、白艺娜、郭畅；访谈时间：2023年6月23日；访谈地点：新绛县光村绛州澄泥砚生产基地。

第三章 艺术形态

澄清过滤 贾耀辉/摄

进一步脱水　贾耀辉/摄

和泥沉淀、分离（约25天）之后，将底部沉淀的泥装入织物袋中，进一步脱水。①

三、陈腐揉泥

先将大块的泥料切割成小条，令其经过至少六个月的陈腐，然后将其反复揉搓约500次②，目的在于揉出泥料中的气泡，如此不仅可以避免砚坯在烧制过程中开裂，还可以使最终的砚台成品质地均匀致密、坚实耐

---

① 蔺涛：《中国名砚·澄泥砚》，第108页。
② 被访谈人：蔺霄麟；访谈人：高忠严、常琳、白艺娜、郭畅；访谈时间：2023年6月23日；访谈地点：新绛县光村绛州澄泥砚生产基地。

第三章 艺术形态

陈腐 山西绛州澄泥砚研制有限公司/提供

揉泥　贾耀辉/摄

检测气泡　贾耀辉/摄

用、易于发墨。①最后，用弓线将泥料切割出一个截面，以检查泥料内部是否存在气泡，没有气泡方能达到标准。

四、造型设计

澄泥砚制作技艺是一门综合艺术，要求砚品的作者不仅要精通绘画、雕刻，还要具备文学、历史、哲学、书法、篆刻、考古等多方面素养。②从图纸设计开始，作者首先要确定砚台的主题。一般而言，砚台造型设计的题材多来自历史故事、风景名胜、神话传说、经典文学或美术作品，寓意吉祥。接着，要确定砚形以及砚堂③、砚池④、图案、诗文印章等的大致位置和形态；然后就进入了细节设计阶段。以砚品《三国演义砚》为例，诗文素材方面，作者选择了《三国演义》的开篇词"滚滚长江东逝水，浪花淘尽英雄"⑤（原句出自明

---

① 蔺涛：《中国名砚·澄泥砚》，第108—109页。
② 蔺涛：《中国名砚·澄泥砚》，第110页。
③ 亦称墨堂，一般位于砚台中心位置，主要用来研墨。
④ 亦称墨池，一般较砚堂更深，主要用来盛放清水或是研磨好的墨汁。
⑤ 罗贯中：《三国演义》，浙江古籍出版社，2010，第1页。

代杨慎的《临江仙》)以及《三国演义》开篇具有哲学意蕴的第一句"话说天下大势，分久必合，合久必分"①；在图案上，作者选择了与《三国演义》开篇词对应的传统浪花纹以及"三国"——魏、蜀、吴三方的城门和旗帜。魏、蜀、吴被分别安排在砚台的左、右、下方位置，由滚滚的浪花纹饰连接在一起，虽分亦合，虽合亦分。通过这样的设计，作者感叹无论是怎样的豪杰，都逃不过时光的冲刷，终被"淘尽"在历史长河之中，是非成败已是过眼云烟。

《三国演义砚》设计图纸　高忠严/摄

砚台雕刻的精美、复杂程度往往体现其价值，但实际情况是，砚台设

---

① 罗贯中：《三国演义》，第1页。

计有繁有简，并不是越复杂的砚台就越珍贵。砚品作者往往根据所要表达的主题，计划接下来精细雕刻时所用到的工艺，妥善安排技巧与留白，以展现其巧妙构思。

五、定型阴干

首先需要制作泥坯，根据设计图纸，用刀等工具将泥料切割成接近于砚台的形状，如椭圆形、长方形、蕉叶形、瓦形、钟形等。①接着对泥坯进行高压处理，打制成形②，并将成形的泥坯逐一平整地放置在背光的地方③，使其自然阴干3—4个月（冬天所需的时间更久）④。待阴干工序完成70%时，就可以开始粗雕了（例如在泥坯上勾勒基本的线条）。⑤最后，当泥坯中的水分下降至10%—15%时，就可以开始精细雕刻了。精

---

① 蔺涛：《中国名砚·澄泥砚》，第112页。
② 同①。
③ 同①。
④ 被访谈人：蔺霄麟；访谈人：高忠严、常琳、白艺娜、郭畅；访谈时间：2023年6月23日；访谈地点：新绛县光村绛州澄泥砚生产基地。
⑤ 被访谈人：蔺涛；访谈人：高忠严、常琳、白艺娜、郭畅；访谈时间：2023年6月23日；访谈地点：新绛县光村绛州澄泥砚生产基地。

细雕刻过程中，如果发现泥坯表面缺水，还需要适当补水。①

六、精雕细刻

需要注意的是，阴干之后的砚坯可能会有一定的变形，所以在开始精细雕刻之前，一定要先用刮刀、砂纸等工具对砚坯进行修整。

雕刻中需要用到的工具，包括但不限于不同尺寸的挖刀、雕刻刀、刮刀、砂纸、圆规、直尺、铅笔、刷子等，其中很大一部分刀具为自制。具体而言，一些尺寸较大的刀具（例：77页图中从右往左数的第二支刀具，圆头）一般用来挖诸如砚池等比较深的位置，一些尺寸较小且尖头的刀具常被用来画线、扎点；刀头呈一斜面的刀具是最主要的雕刻刀；平面刀头的刀具则常被用来铲底……总之，刀具尺寸越小，适用的场景越细小。②此外，图（77页）左上角桶中的刮刀一般被用来处理较大面积的平面，左下角的两把木柄工具则是用来给泥坯裁边的裁刀；而圆规则常被用来勾画圆形线条，铅笔同理，直尺用来测量尺寸，刷子则是用来清理雕刻过程中产生的粉末。③

在雕刻的过程中，除了仍然要参照图纸，技师们也需要灵活运用各式

---

① 被访谈人：蔺涛；访谈人：高忠严、常琳、白艺娜、郭畅；访谈时间：2023年6月23日；访谈地点：新绛县光村绛州澄泥砚生产基地。
② 同①
③ 同①

第三章 艺术形态

雕刻工具　贾耀辉/摄

雕刻技法（如深雕、浅雕、透雕以及仅用点、仅用线的雕法等等），以充分展现砚台的雕刻艺术。然而，雕刻手法切忌雷同、面面俱到，至于如何造就虚实、疏密、强弱、远近的效果进而突出主体，就需要技师们在雕刻过程中具体考量了。"文似看山不喜平，制砚也有异曲同工之处。主题突出、层次分明、详略得当方为好砚。"第二代传承人蔺涛这样认为。①

雕刻结束后，还需要在砚坯背面上盖表明作品出处的一系列印章，如"绛州澄泥砚"的注册商标、文字

---

① 蔺涛：《中国名砚·澄泥砚》，第112页。

精雕细刻　贾耀辉/摄

砚背面的印章　山西绛州澄泥砚研制有限公司/提供

"绛州澄泥砚"、生产者的私人印章等（这也是消费者鉴别正宗绛州澄泥砚的方式之一）。①

七、精细砂磨

在完成精细雕刻后，同一位技师会使用不同型号的砂纸，对雕刻时遗留在砚坯上的刀痕等进行磨光、磨平处理。②

---

① 蔺涛：《中国名砚·澄泥砚》，第137—138页。
② 被访谈人：蔺涛；访谈人：高忠严、常琳、白艺娜、郭畅；访谈时间：2023年6月23日；访谈地点：新绛县光村绛州澄泥砚生产基地。

第三章 艺术形态

精细砂磨　贾耀辉/摄

八、入窑烧制

澄泥砚制作技艺中，有"入窑一色，出窑千色"的说法，泥料中丰富的矿物质和古法柴烧时细微的温差变化造就了包括鳝鱼黄、蟹壳青、玫瑰紫、朱砂红、豆砂绿在内的丰富砚色（见本章第二节），其中又以豆砂绿最为罕见。不仅如此，柴烧窑还能够通过窑变①产生新的花纹和特殊的色泽，如朱砂红砚台上的一抹玫瑰紫——一砚双色。

需要烧制的器物多有成品率一说，而绛州澄泥砚的成品率目前仅有约30%，精品率约为8%，珍稀品更是凤毛麟角，可遇而不可求。②究其原因，尽管整块砚坯所使用的泥料相同，但由于砚坯很难做到内部完全干燥且没有气泡，同时烧制时的温度、窑内火焰的气氛和户外天气都很难做到精确控制，所以砚坯很容易在窑内因为受热不均而产生窑裂，③最终只得遗憾丢弃（绝不会流入市场）。④尽管传承人们根据数十年的经验已经总结出烧制时一个相对稳定的砚台尺寸，但就整体而言，大尺寸的砚坯在烧制过程中

---

① 窑变，指在烧制过程中，砚台局部发生的颜色变化。
② 被访谈人：蔺霄麟；访谈人：高忠严、高若玉、白艺娜；访谈时间：2023年2月23日；访谈地点：新绛县光村绛州澄泥砚生产基地。
③ 蔺涛：《中国名砚·澄泥砚》，第114—115页。
④ 被访谈人：蔺霄麟；访谈人：高忠严、高若玉、白艺娜；访谈时间：2023年2月23日；访谈地点：新绛县光村绛州澄泥砚生产基地。

相较小尺寸的砚坯仍然更容易开裂。①

澄泥砚的烧制总共需要将近一个月的时间，大致可分为入窑、焙烧、出窑三道工序。

1. 入窑

入窑时，需要根据本次烧制的砚台种类及大小，妥善安排窑位：将砂磨过的砚坯按照色彩、规格等要求置于窑内不同位置。②安排窑位布局既要充分利用空间，也要注意保持砚坯与砚坯之间的距离，避免在烧制的过程中发生粘连。由于窑顶与窑底的温度相差巨大，温度计所提供的温度值参考非常有限。但是，"有经验的师傅可以凭借窑内墙面的颜色和气味来判断窑温，"第三代传承人蔺霄麟说。③将砚坯放置好，加上隔离板、保温层，就可以将窑口封好进行焙烧了。④

---

① 同①。
② 蔺涛：《中国名砚·澄泥砚》，第113页。
③ 同①。
④ 被访谈人：蔺霄麟；访谈人：高忠严、高若玉、白艺娜；访谈时间：2023年2月23日；访谈地点：新绛县光村绛州澄泥砚生产基地。

2. 焙烧

焙烧是整个制砚过程中最难掌握的工序，从点火到熄火，一般需要一周的时间。①其中，温度控制是成砚的关键。在砚台烧制过程中，燃料需要不断变化，温度也要不断调整（温度最高时可达到1100摄氏度），想要烧出不同颜色和一砚多色（俏色艺术）的品种更是难上加难，稍有不慎就会导致全窑报废甚至发生崩窑，不仅前功尽弃，甚至崩窑时还会伤到人和周边物体。②与陶瓷的烧制同理，控制烧成的气氛也很重要，气氛的长短和强弱都会影响到砚体的成色。考虑到以上因素，在焙烧期间，通常会有两位炉工日夜轮流值守在窑旁，对焙烧情况仔细记录，不敢有丝毫马虎。③

3. 出窑

窑火熄灭后，经过约17天的自然降温，待窑内的温度冷却到110摄氏度左右时，砚台就可以出窑了。一般而言，夏天所需的冷却时间更久，但焙烧时间与冬天一致。出窑时，开窑师傅需要在高温下进行取砚，再用刷子刷去尘土，仔细检查砚台焙烧是否成功：若是微小的瑕疵（如在烧制过程中部分雕刻发生轻微变形或损坏），后期还可以通过雕刻来补救，但严

---

① 蔺涛：《中国名砚·澄泥砚》，第114页。
② 同②。
③ 同②。

出窑现场 白艺娜/摄

重变形和裂缝是没有办法处理的。①焙烧成功的砚台，硬度在4—4.5摩氏、密度在2.0—2.2克每立方厘米之间（接近花岗石的密度）。②刚出窑的砚台是看不出成色的，因为此时的砚台上还浮着一层烧制物，完整的成色和花纹只有在水磨后才能显现出来。③

九、精细水磨

水磨的好坏直接影响到砚台的品质和使用感受（包括但不限于砚台的手感、质感），精细水磨工序对于师傅的技术要求不高，但每方砚台都需要约3—4小时的精细水磨。④使用不同粗细的水磨砂纸对焙烧后的砚台进行水磨、抛光，使得砚体表面更加细腻，达到"滑不拒墨、涩不留笔"的程度。

十、成品包装

俗话道，"好马配好鞍"。澄泥砚制作工艺的最后一道工序就是为不同造型、大小、颜色、寓意的砚台匹配合适的包装。目前，"绛州澄泥砚"

---

① 被访谈人：蔺霄麟；访谈人：高忠严、高若玉、白艺娜；访谈时间：2023年2月23日；访谈地点：新绛县光村绛州澄泥砚生产基地。
② 蔺涛：《中国名砚·澄泥砚》，第123页。
③ 同①。
④ 同①。

第三章 艺术形态

水磨现场　白艺娜/摄

使用的包装盒有云雕盒、仿红木盒、锦盒、纸盒等。此外，除手提袋、纸袋等包装外，随包装还会附赠收藏证、宣传册和使用保养说明等。①

---

① 被访谈人：蔺涛；访谈人：高忠严、常琳、白艺娜、郭畅；访谈时间：2023年6月23日；访谈地点：新绛县光村绛州澄泥砚生产基地。

第二节　造型特征

一、绛州澄泥砚的颜色

色泽多变是绛州澄泥砚的一大特点，正如前文所介绍的，包括鳝鱼黄、蟹壳青、玫瑰紫、朱砂红、豆砂绿等成色，其中以豆砂绿最为罕见。有经验的匠人可在烧窑时通过布局砚坯在窑内的位置，一定程度上控制成品砚台的颜色。前文也提到过，在澄泥砚的制作过程中，在柴烧窑时可能会发生窑变，产生新的颜色（如朱砂红砚台上的一抹玫瑰紫——一砚双色），这一现象属于俏色工艺，将在接下来的小节中详细讨论。

如下文（89页图）展示出一些澄泥砚真实的颜色，当中既有颜色相对纯粹的，如居中的豆砂绿、左上角的玫瑰紫、最右边的朱砂红；也有混合了多种颜色的，如左下角的鳝鱼黄偏蟹壳青、右上角的鳝鱼黄偏豆砂绿；还有同一颜色但深浅相差明显的，如最左边的浅鳝鱼黄和右下角的深鳝鱼黄。

第三章 艺术形态

多种颜色的澄泥砚 贾耀辉/摄

澄泥砚制作技艺

二、绛州澄泥砚的造型

绛州澄泥砚的造型可谓精彩纷呈,大致可分为几何形、仿生砚、仿物砚、随形、自然形五个大类。

1. 几何形砚

几何形砚指以圆形、椭圆形、长方形、方形、八角形等几何形状为基础的砚台。古砚中,几何形砚最多,尤其是长方形砚、圆形砚最为常见,绛州澄泥砚中典型的几何形砚有圆形的辟雍砚、长方形的抄手砚、方形的"井"字形砚等。[1]

仿宋抄手砚

山西绛州澄泥砚研制有限公司/提供

---

[1] 蔺涛:《中国名砚·澄泥砚》,第119页。

2. 仿生砚

仿生砚指在形状上模拟动、植物形态的砚台。第二代传承人蔺涛认为，最早的仿生砚或许仅仅是出于简单装饰的目的，只勾勒出动植物的大致轮廓或某些特征。①后来，人们开始将一些寓意吉祥和具有辟邪或劝学修身的意味加诸砚台之上，砚台的动植物造型由此也就变得更加生动、多样，最终发展到以完整、立体的动植物形象作为砚体的造型。②绛州澄泥砚中典型的仿生砚有海螺形砚、鹅形砚、牛形砚、鱼形砚、兽形砚、蝉形砚、荷叶砚、瓜形砚等。③

天鹅砚

高忠严/摄

① 蔺涛：《中国名砚·澄泥砚》，第119—120页。
② 同①。
③ 同①。

3. 仿物砚

仿物砚指形状类似于民众日常生活常见器物的砚台，绛州澄泥砚中典型的仿物砚有好似瓷瓶造型的瓶形砚、似农家簸箕造型的箕形砚、似传统几案家具的几形砚、似寺庙古钟的钟形砚、似青铜礼器的鼎形砚、似古代官员上朝时所持笏板的圭形砚，还有石鼓形砚、井形砚、提梁形砚、瓦形砚、琴形砚、凤池形砚等等。①

箕形梅花砚
山西绛州澄泥砚研制有限公司/提供

4. 随形砚

随形砚指在整体稳定、协调、匀称的前提下，造型更加富于变化且无严格尺寸限制的砚台。在绛州澄泥砚中，随形砚的品种和数量较其他造型更多，多由山水、人物、器物等设计元素组合而成，较为典型的有展现地

---

① 蔺涛：《中国名砚·澄泥砚》，第120页。

方名胜古迹的《绛州古城砚》以及体现传统文化的《嫦娥奔月砚》《宝莲灯砚》等等。①

绛州古城砚
白艺娜/摄

5. 自然形砚

自然形砚,与几何形砚、随形砚相对,指根据泥料在加工过程中形成的自然形状制作而成的砚台,在绛州澄泥砚中数量较少。②

---

① 蔺涛:《中国名砚·澄泥砚》,第120页。
② 同①。

三、绛州澄泥砚的题材内容

绛州澄泥砚的题材多取自传说故事、典故传奇等,具体如下:

1. 传说故事类

此类主题多取材于历代流传下来的传说故事,其中展现了先人们的情感诉求及对美好生活的向往。如《麻姑献寿砚》《夸父追日砚》《鲤鱼跳龙门砚》等。①

鲤鱼跳龙门砚
白艺娜/摄

2. 典故传奇类

此类主题多取材于历史典故,大多出自表现民众积极向上的生活态度、劳动作风的传奇及趣味故事等。这些典故传奇能够让民众领悟到一些

---

① 蔺涛:《中国名砚·澄泥砚》,第126—127页。

生活哲理,从而对规范社会秩序、唤起道德良知起到积极作用。如《大禹治水砚》《司马光砸缸砚》《舜吟南风砚》等。①

大禹治水砚

山西绛州澄泥砚研制有限公司/提供

3. 历史事实类

此类主题多取材于真实的历史人物或事件,或催人奋进,或感人涕下,或诙谐幽默。如《将相和砚》《精忠报国砚》等。②

精忠报国砚

山西绛州澄泥砚研制有限公司/提供

① 蔺涛:《中国名砚·澄泥砚》,第127页。
② 同①。

4. 风景名胜类

此类主题多取材于山西省内及国内的文物古迹、风景名胜、名优特产，旨在展现中华民族悠久的历史文化及各地方的特色。如《难老泉声砚》（又名《晋祠砚》）、《皇城相府砚》、《平遥古城砚》、《壶口瀑布砚》等。

壶口瀑布砚
高忠严/摄

5. 历史人物类

此类主题多取材于历史人物及与之有关联的事件。如《武则天砚》《卫夫人砚》《汾阳王砚》等。

武则天砚
山西绛州澄泥砚研制有限公司/提供

6. 帝王系列类

此类主题多来自对中国历史上帝王曾使用砚型的研究，如《贞观御用砚》《乾隆御用云龙砚》等。

贞观御用砚

山西绛州澄泥砚研制有限公司/提供

7. 新时代特色类

此类主题多取材于我国在改革开放后发生的重大事件，如《冰纹梅花砚》（又称《奥运砚》）、《和平砚》等。

冰纹梅花砚（奥运砚）

山西绛州澄泥砚研制有限公司/提供

8.定制纪念品类

此类砚品多为纪念品定制,设计、制作方案多依照客户意见,或直接参照客户提供的设计图纸进行加工,如上海世博会的《东方之冠砚》等。

东方之冠砚

山西绛州澄泥砚研制有限公司/提供

9.其他类

不属于以上几种类型的砚台多属此类。此类砚台通常使用了许多传统的纹饰,形状各异,设计有繁有简,如造型仿物的《钟形砚》《瓶形砚》,又如造型仿生的《兽形砚》《荷叶砚》,以及一些以传统纹饰为表现内容的砚台,如《梅雀砚》《猫蝶砚》等。

犀纹德寿瓶式砚

山西绛州澄泥砚研制有限公司/提供

四、绛州澄泥砚的纹饰

千变万化的"石品"花纹是绛州澄泥砚不同于石质砚以及其他品种澄泥砚的一大特点,波浪般的自然纹理一般仅出现在砚堂的位置[①],给观者带来无尽的遐想。这种奇妙的纹饰是在制作过程中将含有不同矿物成分的澄泥按所需比例揉搓后烧制的结果[②],表现在特定位置的纹理与砚的色彩、造型、主题、雕刻相得益彰,引人入胜。

海天浴日砚
贾耀辉/摄

---

① 蔺涛:《中国名砚·澄泥砚》,第139页。
② 蔺涛:《中国名砚·澄泥砚》,第125页。

五、绛州澄泥砚的表现技法

如蔺涛在《中国名砚·澄泥砚》中所述:"绛州澄泥砚的雕琢工艺是在当地石雕、木雕、漆雕等多种雕刻技艺的基础上发展而来的,不但融合了许多古代砚雕艺术的精髓,还巧妙地将当地的人文特色和精神面貌融入其中,作品集线雕、浮雕、深雕、圆雕等表现手法,将点、线、面等造型元素融入砚雕艺术之中,雕琢技法娴熟,使砚的造型丰腴饱满、敦厚朴实、色泽沉稳多变,总体表现了一种质朴、醇厚、温和、细腻、稳重的地方人文特点。"①

此外,镂空也是绛州澄泥砚常用的雕刻技法,有经验的匠人通常会根据所表现题材的不同,在一方砚台上同时选用几种不同的雕法,力求呈现出形象逼真、惟妙惟肖的内容。②

除以上提到的诸种雕刻技法外,绛州澄泥砚中还会运用到一种效果极佳但制作难度颇大的表现技法——俏色艺术。"俏色"又称巧色或巧色俏雕,是一种在玉雕中被广泛运用的工艺,即"巧妙地利用玉料天然的纹理颜色进行雕刻"③的工艺。制作石质砚的匠人们也会用到俏色工艺,他们

---

① 蔺涛:《中国名砚·澄泥砚》,第124页。
② 蔺涛:《中国名砚·澄泥砚》,第125页。
③ 仵东源:《古代玉器俏色工艺探考》,硕士学位论文,中国地质大学(北京)珠宝学院,2021,第1页。

利用石头天然的颜色变化表现主题。但对陶质的澄泥砚来说，俏色是"集天工与人工的结晶"，只有在同时满足砚坯加工、入窑摆放、烧制温度和气氛控制等诸多条件时，才能得到一方含两种或两种以上不同颜色的俏色砚。即便是技术已有很大进步的今天，俏色砚的烧制成功率依然很低，所以，能够用"俏色"准确表现出主题的砚台仍旧可以称得上是稀世珍品。

海上升明月砚

山西绛州澄泥砚研制有限公司/提供

第三节 系列设计

一、绛州澄泥砚主要系列产品现状

根据实地调查与相关资料，笔者对绛州澄泥砚各个系列产品的数据进行了统计（资料有限，难免覆盖不全，仅供参考），现将较为重要的和所含砚台数量较多的系列进行列举。

1. 有实物（或图片）、有对应县区且明确属于"一县一砚"系列砚

共统计到有实物（或图片）、有对应县区且明确属于"一县一砚"系列的砚145方，按行政区划所属划分，由北往南，分别是：大同市10方，朔州市6方，忻州市15方，太原市10方，阳泉市5方，晋中市11方，吕梁市14方，长治市14方，临汾市21方，晋城市6方，运城市33方（均已去重）。

"一县一砚"系列统计表

地级市	县（市、区）	砚台名称
大同市	云州区	北魏道武帝砚
	平城区	大同古城砚
	新荣区	晋华宫国家矿山公园砚

续表

地级市	县(市、区)	砚台名称
大同市	阳高县	许家窑遗址砚
	天镇县	慈云寺神头山砚
	广灵县	新能源基地砚
	灵丘县	赵武灵王砚
	浑源县	悬空寺砚
	左云县	摩天岭长城砚
	云冈区	云冈石窟砚
朔州市	朔城区	塞外西湖砚
	平鲁区	门神故里砚
	山阴县	广武长城砚
	应县	应县木塔砚
	右玉县	西口古道砚
	怀仁市	金沙滩古战场砚
忻州市	忻府区	貂蝉拜月砚
	定襄县	宝鼎砚
	五台县	五台山砚
	五台县	一叶菩提砚
	代县	雁门关砚
	繁峙县	平型关砚
	宁武县	宁武县砚
	静乐县	静山乐水砚

续表

地级市	县(市、区)	砚台名称
忻州市	神池县	神池砚
	五寨县	五寨县砚
	岢岚县	岢岚古城砚
	河曲县	二人台民歌砚
	保德县	保德兴保塔砚
	偏关县	黄河入晋砚
	原平市	天涯山奇石砚
太原市	晋源区	晋祠砚(难老泉声砚)
	迎泽区	太原文瀛砚
	阳曲县	天门积雪砚
	归属地暂未明确	崛围红叶砚
	归属地暂未明确	双塔凌霄砚
	归属地暂未明确	烈石寒泉砚
	归属地暂未明确	巽水烟波砚
	归属地暂未明确	汾河晚渡砚
	归属地暂未明确	土堂怪柏砚
	归属地暂未明确	蒙山晓月砚
阳泉市	矿区	阳泉矿区砚
	郊区	小河古村砚
	城区	中共第一城砚
	平定县	娘子关砚

续表

地级市	县(市、区)	砚台名称
阳泉市	盂县	赵氏孤儿砚
晋中市	榆次区	榆次老城砚
	榆社县	文峰塔砚
	左权县	巍巍太行砚
	和顺县	牛郎织女砚
	寿阳县	寿阳砚
	太谷区	孟母砚
	祁县	晋商砚
	平遥县	平遥古城砚
	灵石县	灵石古亭砚
	介休市	绵山砚
	昔阳县	农业学大寨砚
吕梁市	离石区	离石盛景砚
	文水县	武则天砚
	交城县	玄中寺砚
	兴县	晋绥边区砚
	临县	碛口古镇砚
	柳林县	天下黄河第一门砚
	石楼县	黄河奇湾砚
	岚县	白龙山砚
	方山县	北武当山砚

续表

地级市	县（市、区）	砚台名称
吕梁市	中阳县	中阳剪纸砚
	交口县	云梦山仙洞砚
	孝义市	孝义砚
	汾阳市	汾阳王砚
	汾阳市	杏花村砚
长治市	潞州区	上党门砚
	襄垣县	千年古县砚
	屯留区	上党战役砚
	屯留区	后羿射日砚
	黎城县	黄崖洞砚
	壶关县	太行大峡谷砚
	沁县	北方冰城砚
	长子县	精卫填海砚
	武乡县	砖壁雄风砚
	沁源县	沁源自然保护区砚
	潞城区	竹筏漂流砚
	上党区	神农尝草砚
	平顺县	青羊望月砚
	平顺县	彩凤展翅砚
临汾市	尧都区	尧帝砚（与运城市的永济市、绛县一起）
	尧都区	垂拱而治砚

续表

地级市	县(市、区)	砚台名称
临汾市	曲沃县	晋文公砚
	曲沃县	桐叶封弟砚(与临汾市的翼城县一起)
	翼城县	桐叶封弟砚(与临汾市的曲沃县一起)
	翼城县	桐叶封晋砚
	襄汾县	陶寺龙盘砚
	洪洞县	大槐树砚
	古县	黄河瀑布砚
	古县	天下第一牡丹砚
	安泽县	荀子砚
	浮山县	老子出关砚
	吉县	壶口苹果砚
	吉县	壶口瀑布砚
	乡宁县	云丘山砚
	隰县	小西天砚
	永和县	红军东渡砚
	蒲县	尧师砚
	汾西县	师家沟砚
	侯马市	晋都砚
	霍州市	霍州大堂砚
	大宁县	黄河仙子砚
晋城市	沁水县	舜耕历山砚

续表

地级市	县(市、区)	砚台名称
晋城市	阳城县	皇城相府砚
	陵川县	王莽岭砚
	泽州县	珏山吐玉砚
	高平市	炎帝故里砚
	城区	名城晋城砚
运城市	盐湖区	千里走单骑砚
	盐湖区	舜吟南风砚
	盐湖区	单刀赴会砚
	盐湖区	义薄云天砚
	盐湖区	华容道义释曹操砚
	盐湖区	瓦式关公砚
	盐湖区	关帝夜读春秋砚
	临猗县	晋商鼻祖猗顿砚
	万荣县	女娲补天砚
	万荣县	女娲造人砚
	闻喜县	喜从天降砚
	闻喜县	桐乡凤舞砚
	闻喜县	汉武帝砚
	稷山县	后稷稼穑砚
	新绛县	弟子规砚
	新绛县	绛州古城砚

续表

地级市	县（市、区）	砚台名称
运城市	新绛县	绛州名城砚
	新绛县	龙兴塔砚
	新绛县	月是故乡明砚
	绛县	尧王故里砚
	绛县	尧帝砚（与临汾市的尧都区、运城市的永济市一起）
	垣曲县	一缕曙光砚
	夏县	大禹治水砚
	夏县	嫘祖养蚕砚
	夏县	司马光砸缸砚
	夏县	卫夫人砚
	平陆县	伯乐相马砚
	芮城县	八仙过海砚
	芮城县	一堆圣火砚
	芮城县	永乐宫砚
	永济市	鹳雀楼砚
	永济市	普救寺砚
	永济市	尧帝砚（与临汾市的尧都区、运城市的绛县一起）
	河津市	鲤鱼跳龙门砚

2.有实物（或图片）且明确属于"红色"系列的砚

共统计到有实物（或图片）且明确属于"红色"系列的砚共56方（去除同一砚台属于多个系列的情况）：

（1）"抗战"子系列

属于"抗战"子系列的砚22方：主题砚1方（《同护和平砚》），抗战胜利砚1方（《南京受降砚》），"延安"系列砚4方（《南泥湾砚》《抗大砚》《七大会址砚》《延安宝塔砚》），"共产党抗战"系列砚9方（《百团大战砚》、《红军东征砚》、《瓦窑堡会址砚》、《黄崖洞砚》、《抗日游击队砚》、《平型关砚》、《王家峪砚》〔总部砚〕、《巍巍太行砚》〔左权砚〕、《砖壁总部砚》），"国民党抗战"系列砚4方（《江桥抗战砚》《卢沟桥抗战砚》《四行仓库砚》《长城抗战砚》），"盟国互援"砚3方（《飞虎队砚》《苏军出兵东北砚》《远征军砚》）。

（2）"廉政"子系列

属于"廉政"子系列的砚10方：《盛世中华砚》《两袖清风砚》《范仲淹砚》《鹤舞清风砚》《七品芝麻官砚》《清风明月砚》《羊续悬鱼砚》《一品清廉砚》《于成龙砚》《钟灵毓秀砚》。

（3）"纪念改革开放40周年"子系列

属于"纪念改革开放40周年"子系列的砚8方：《盛世中华砚》、《不忘初心砚》（又称《红船精神砚》）、《中国梦砚》、《创新强国砚》、《改革起步砚》、《国防建设砚》、《经济特区砚》、《一带一路砚》。

（4）"庆祝新中国成立70周年"子系列

属于"庆祝新中国成立70周年"子系列的砚7方：《盛世中华砚》、《不忘初心砚》（又称《红船精神砚》）、《中国梦砚》、《祖国万岁砚》、《钢铁长城砚》、《红色故都砚》（又称《瑞金砚》）、《五星出东方利中国砚》。

（5）"红色革命圣地"子系列

属于"红色革命圣地"子系列的砚6方：《日出东方砚》《巍巍井冈（山）砚》《延河水长砚》《韶山红日砚》《西柏坡砚》《遵义会议砚》。

（6）"纪念运城解放"子系列

属于"纪念运城解放"子系列的砚5方：《夏县解放70周年纪念砚》《新绛解放70周年纪念砚》《河津市解放70周年纪念砚》《稷山解放70周年纪念砚》《运城市解放70周年纪念砚》。

（7）其他

暂时不属于任何子系列的砚2方：《钢铁长城砚》《长征砚》。

3."荷塘月色"系列

根据蔺涛和解玉霞编撰的《绛州澄泥砚——荷香砚韵》（宣传册），"荷塘月色"系列共含100方同一主题但造型各异的精品砚台①。

4. 有实物（或图片）且明确属于"古中国"系列砚

共统计到有实物（或图片）且明确属于"古中国"系列的砚台14方：《尧帝砚》《关帝夜读春秋砚》《宝莲灯砚》《大禹治水砚》《伏羲八卦砚》《后稷稼穑砚》《黄帝涿鹿之战砚》《晋商鼻祖猗顿砚》《举案齐眉砚》《夸父追日砚》《嫘祖养蚕砚》《舜吟南风砚》《司马光砸缸砚》《荀子劝学砚》。

5. 有实物（或图片）且明确属于"典故"系列砚

共统计到有实物（或图片）且明确属于"典故"系列的砚台10方：《尧帝砚》（尧都区—永济市—绛县）、《关帝夜读春秋砚》（盐湖区）、《大禹治水砚》（夏县）、《后稷稼穑砚》（稷山县）、《黄帝涿鹿之战砚》（盐湖区）、《晋商鼻祖猗顿砚》（临猗县）、《嫘祖养蚕砚》（夏县）、《舜吟南风砚》（盐湖区）、《司马光砸缸砚》（夏县）、《荀子劝学砚》（新绛县）。

6. 有实物（或图片）且明确属于"黄河、长城、太行"系列的砚台

共统计到有实物（或图片）且明确属于"黄河、长城、太行"系列的砚台9方：《鹳雀楼砚》（永济市）、《壶口瀑布砚》（吉县）、《黄河奇湾砚》（石楼县）、《黄河仙子砚》（大宁县）、《黄崖洞砚》（黎城县）、《鲤鱼跳龙

---

① 蔺涛、解玉霞：《绛州澄泥砚——荷香砚韵》，内部资料，第147页。

门砚》（又称《鲤鱼跃龙门砚》，河津市）、《王家峪砚》（又称《总部砚》，武乡县）、《巍巍太行砚》（又称《左权砚》，左权县）、《长城雄风砚》（大同市—忻州市）。

7. 有实物（或图片）且明确属于"圆满"系列的砚台

共统计到有实物（或图片）且明确属于"圆满"系列的砚台9方：《万汇蒙光砚》《金色海滩砚》《飞黄腾达砚》《梅开五福砚》《明月松间照砚》《星星点灯砚》《雅室青莲砚》《一片冰心砚》《月叶竹风砚》。

8. 有实物（或图片）且明确属于"关公"系列的砚台

共统计到有实物（或图片）且明确属于"关公"系列的砚台5方：《风雨竹砚》《关帝夜读春秋砚》《单刀赴会砚》《千里走单骑砚》《义薄云天砚》。

9. 有实物（或图片）且明确属于"富贵"系列的砚台

共统计到有实物（或图片）且明确属于"富贵"系列的砚台5方：《年年有余砚》《事事如意砚》《财源滚滚砚》《金玉满堂砚》《星辰大海砚》。

此外，统计过程中还发现有"鲤鱼跳龙门"系列、"瓜瓞绵绵"系列、"一带一路"系列、"白石老人"系列、"泥歌砚韵"系列、"天鹅"系列、"弟子规"系列、仿古系列等,因篇幅原因,此处不再一一列举。

值得一提的是,由第三代传承人蔺霄麟在2020年创立的文创品牌"一绛心澄"系列[①](包括"云水"系列、"玲珑"系列、"小新意"系列、"和〔核〕颜悦〔月〕色"等子系列)近年来也受到了许多消费者的喜爱。

读者可能会注意到,一些砚台在不同系列中重复出现。确实如此,在统计过程中,笔者发现不同系列之间时常存在交叉,例如《后稷稼穑砚》同时属于"一县一砚"系列(运城市稷山县)、"古中国"系列和"典运"系列,《中国梦砚》同时属于"庆祝新中国成立70周年"系列和"纪念改革开放40周年"系列。原因不难理解,《后稷稼穑砚》中,所反映的主题后稷传说不仅仅是稷山县县域内极具特色的地方文化,在所属地级市(运城市)的其他县区人民生活中也会有所体现,同时也是中华优秀传统文化的体现。

二、绛州澄泥砚重点系列产品

1. "一县一砚"系列砚

本系列是绛州澄泥砚研制所从2012年起,根据山西各个县的文化特色开始设计、制作的,旨在"游山西、读历史"——以砚为媒,将山西深

---

① 《山西三宝:绛州澄泥砚》,内部资料,第25页。

厚的历史文化底蕴广泛传播。①该系列题材覆盖类型广，主要为名胜特产类、传说故事类、特色人物类，有浓郁的地方文化色彩，造型上多为随形砚。

以运城市新绛县的《绛州名城砚》举例。新绛是国家级历史文化名城，不仅拥有绛州鼓乐、澄泥砚制作技艺、新绛面塑、绛州剔犀技艺、点舌丸制作技艺等五项国家级非物质文化遗产，还拥有绛州大堂、龙兴寺、文庙、城隍庙、天主教堂、钟鼓乐三楼、绛守居园池等物质文化遗产。新绛县作家李福云曾对《绛州名城砚》有过这样的描写：

> 《绛州名城砚》初入眼帘，是一座微缩版的精美绛州古城。
>
> 瞬间，这座袖珍绛州古城，便幻化为一幅美丽、典雅的名城远景图画，美丽、壮观、古老，亭台楼阁、名苑园林，错落有致，似海市蜃楼，美若仙境。
>
> 细而观之，山川河流，古城美景清晰可见。美丽的汾河水宛若一条洁白的玉带，碧波逐浪，悠然地缠绕着美丽的古城潇洒地向西而去……

---

① 《国家级非遗：绛州澄泥砚》，内部资料，第16页。

澄泥砚制作技艺

绛州名城砚
山西绛州澄泥砚研制有限公司/提供

抬眼望去，西北高垣上钟楼、鼓楼、乐楼三楼并峙，蔚为壮观；城隍庙、绛州大堂、贡院、贡院巷古街赫然眼前；颇具江南苏杭园林风味的居园池里，古柏参天，垂柳袅袅，百鸟和鸣；洄莲亭前，池水漾漾，荷叶田田，荷花婷婷，圣洁无比。

高高的龙兴宝塔，巍峨壮观，正承接着遥远东方射入古城的第一缕阳光。在微微晨风里向晨练的人们讲述着千百年来，古城春秋及宝塔冒烟等传奇故事，好不醉人！

闭目遐思，晨钟暮鼓、园池琴音、《弟子规》童操的优美旋律，悠然入耳；园池茅亭里，文人雅士，谈笑风生；吟诗作赋，挥毫泼墨；花酒飘香，好不爽然。

古城大街，车水马龙；城隍庙上，人山人海；小吃飘香，繁华醉人。千百年来，走绛州的人们，惬意地分享着千年古城的繁华和繁荣，享受着历史文化名城的文明与高雅……①

---

① 李福云：《绛州澄泥砚上的绛州文化名城风韵》，内部资料。

2."红色"系列

本系列是绛州澄泥砚研制所从2008年起,以"红色元素+传统文化"的理念设计、制作的,①每一款设计都有其纪念意义。第一方"红色"砚是为庆祝中华人民共和国成立60周年而设计的《祖国万岁砚》(此砚如今也属于"红色"系列下的"庆祝新中国成立70周年"子系列);之后经过数次与各级党史研究室的沟通、探讨,②又推出了"抗战"子系列、"廉政"子系列、"纪念改革开放40周年"子系列、"庆祝新中国成立70周年"子系列、"红色革命圣地"子系列、"纪念运城解放"子系列(排名不分先后)等系列砚台。

以《祖国万岁砚》为例,这是一方随形砚,整体呈

祖国万岁砚
　　山西绛州澄泥砚研制有限公司/提供

① 《国家级非遗:绛州澄泥砚》,内部资料,第12页。
② 苏黎原:《好一方"红"砚台》,《假日文化》2021年5—6月刊,第40页。

鳝鱼黄和朱砂红的颜色，画面中间偏右的砚堂仿佛是一轮旭日，左下方天安门城楼和华表是国家与首都的象征，左上方的青松又寓意着长久的生命，三种元素结合在一起，充分展现了砚作者蔺涛对祖国长治久安、繁荣昌盛的美好向往与祝愿。

3. "荷塘月色"系列

本系列是绛州澄泥砚研制所以朱自清先生散文《荷塘月色》中所描绘的清华园意象设计制作的，共包括100方造型各异的《荷塘月色砚》，[1]曾在北京、台北展出，并被永久收藏。[2]2011年，蔺涛、解玉霞二人还代表2007年清华大学高级工商管理研究生课程进修项目山西班全体学员向清华大学捐赠了巨型石雕砚——《荷塘月色砚》[3]。

2010年，蔺涛创作的《荷塘月色砚》获得联合国教科文组织颁发的"世界杰出手工艺品徽章"。

荷塘月色砚

山西绛州澄泥砚研制有限公司/提供

---

[1]《国家级非遗：绛州澄泥砚》，内部资料，第14页。
[2] 蔺涛、解玉霞：《绛州澄泥砚——荷香砚韵》，内部资料，第147页。
[3] 蔺涛、解玉霞：《绛州澄泥砚——荷香砚韵》，内部资料，第117页。

4."小新意"系列

如前文所述,此系列属于蔺霄麟的文创品牌"一绛心澄"。他对于这个系列的设计理念是"有新意的小心意"①,不仅整体风格简单新潮,更加符合年轻人审美,其精巧性与实用性也不输其他澄泥砚。

以豆砂绿的《圆如意砚》为例,作者在造型突出的砚池部分使用了如意、灵芝等传统元素,砚堂上飘舞的丝带寓意好运不断,右下方再次重复出现的灵芝造型又可作为笔搁使用。②

圆如意砚　　贾耀辉/摄

---

① 被访谈人:蔺霄麟;访谈人:高忠严、高若玉、白艺娜;访谈时间:2023年2月23日;访谈地点:新绛县光村绛州澄泥砚生产基地。
② 同①。

第四节　内涵价值

一、实用价值

步入现代社会，信息的储存方式和人与人之间的交流方式发生了巨大的变化：越来越多的信息通过数字技术实现电子储存，更多的人选择通过网络来交流、传递信息。于是，随着人们的书写方式的改变，更多时候，大家选择打字而不是手写，即便偶尔确实需要手写，也更倾向于选择使用相较传统的"笔、墨、砚"组合更加便捷的中性笔、水性笔等介质。尽管如此，古时象征个人修养的"琴棋书画"四艺中的后两者——毛笔书法及中国画艺术仍然深受大众喜爱，尽管一部分爱好者会为了方便而选用墨汁。但是，在砚台上研磨出来的墨仍旧比工业生产的墨汁更佳——"笔锋更鲜明快感"[1]，研墨的需求便将一直存在。而砚台作为不可或缺的研磨之器，尤其是具有"细腻、坚实、发墨不损毫"[2]特点的绛州澄泥砚，其实用价值也就无须再赘述了。

---

[1] 蔺涛：《中国名砚·澄泥砚》，第2页。
[2] 山西二轻（手）工业史志编纂委员会编《山西二轻（手）工业志》，山西人民出版社，1989，第196页。

二、历史文化价值

2008年北京奥运会的开幕式上，画卷表演给观众留下了深刻的印象，其中文房四宝——笔墨纸砚悉数亮相；之后，包含了我国四大发明之一的"活字印刷"文字表演才开始上演，如此构思，可见笔墨纸砚在我国文明史上的重要性。

澄泥砚作为"中国四大名砚"之一，在加工过程中极强的可塑性赋予其发展成一门综合艺术的可能：不同时代的匠人们在制作过程中极具匠心，综合绘画、雕刻、色彩、文学、历史、哲学、书法、篆刻、考古等多方面知识，结合历代文人雅士的喜好，不仅将地方文化特征巧妙融入[1]（例如上文提到的"一县一砚"系列砚），还将吉祥的寓意及具有辟邪或是劝学修身的意味加诸其身[2]（这造就了澄泥砚中各式生动的仿生砚，如上文提到的"荷塘月色"系列砚）。如蔺涛所说，"砚凝

---

[1] 桑行之等编《说砚》，上海科技教育出版社，1994，《出版说明》第1页。
[2] 蔺涛：《中国名砚·澄泥砚》，第119页。

结了我国古代文人的思想抱负和审美情趣,是我国民族文化传承的情结所在。"①

三、欣赏收藏价值

《说砚》一书中提到:"砚既是书具,也是玩品,具有很高的艺术欣赏价值。"②古时,"文人又常爱为砚制作铭文,镌刻在砚底、砚盖或砚屏上,砚铭一般隽永新颖,赋予砚更多的人情味"。③在众多喜好澄泥砚的文人雅士中,最出名的莫过于清朝的乾隆皇帝。他不仅为许多古砚撰写砚铭,还为《西清砚谱》撰写了《御制〈西清砚谱〉序》。时至今日,澄泥砚仍旧具有较高的历史文化价值,因而其欣赏收藏价值依然不减。

---

① 蔺涛:《中国名砚·澄泥砚》,第5页。
② 桑行之等编《说砚》,《出版说明》第2页。
③ 同②。

第四章 澄泥砚制作技艺

光村位于山西省运城市新绛县城北18公里处的姑射山南麓下。相传，北齐时光村上空某夜倏显昼光，五彩缤纷，耀眼夺目，奇绝丽极，遂以吉兆上报朝廷。朝廷遂恩准迁民居于此，并赐名光村。1959年，光村被列为山西省重点文物保护单位；2009年8月，光村入选山西省第三批历史文化名村；2010年7月，国家住房和城乡建设部、国家文物局命名光村为"中国历史文化名村"。

作为光村大姓之一的蔺氏家族，以儒家传统思想文化育人，成为晋商耕读传家之典范；"履而泰""行有恒""勿过攀比""居高不贪"等祖训，是蔺家多年来崇德、尚文、务农、经商的根本。蔺永茂父子秉承家训，多年投身于恢复和壮大绛州澄泥砚之路。

第一节 重见新姿

一、绛州澄泥砚的历史背景

澄泥砚的制作是从一些砖、瓦、陶砚的制作工艺中得到启示的,在三国时期就已初步形成,之后在不断实践、不断总结的基础上,逐渐形成一套澄泥砚的制作方法。[1]从现存文物和历代砚著可以看出,澄泥砚的制作在唐宋时期达到繁荣,山西汾河沿岸的绛州、泽州、虢州等地都曾是澄泥砚的产地。然而,历代文人雅士虽然对于品砚、咏砚多有关注,但对制砚技艺的记述却严重不足。古代士大夫多以品砚、评砚、写砚为尚,各种著述层出不穷,如唐询的《砚录》、米芾的《砚史》、高似孙的《砚笺》、唐积的《歙州砚谱》和不著撰人名氏的《端溪砚谱》等,唯有南唐张洎的《贾氏谭录》中记有澄泥砚的制法:"缝绢囊致汾水中,逾年而后取,沙泥

---

[1] 蔡鸿茹:《澄泥砚》,《文物》1982年第9期。

之细者已实囊矣。陶为砚，水不涸焉。"①苏易简在《文房四谱》中有关"作澄泥砚法"的记载略为详细，但关于澄泥砚制作技艺的记载仍然过于简略，仅凭这些记录也难以制作出澄泥砚来。明末清初，绛州澄泥砚的烧造开始走入混沌。据现存文献记载，乾隆年间由山西进贡给宫廷的澄泥砚有"火气未退，骤难适用"的情况。②乾隆宫廷造办处曾下令苏州织造局制作澄泥砚，此"新澄泥"的配方是在乾隆四十四年仲夏由苏州织造局使用山西汾河的澄泥和宜兴的紫砂泥制作而成。据史料记载："澄泥砚二方，加用宜兴澄泥三成，烧造砚二方，其澄泥砚交苏州全德，将所传做之澄泥砚，俱照加宜兴澄泥三成之法烧造。"③关于澄泥砚制作技艺，《新绛县志》载，"绛州出澄泥砚，《山西通志》及绛州旧志均载及之，可知澄泥砚确为绛州所出。惟在今日，无制之者，盖其法早已失传矣。"④由此可见，澄泥砚的生产技术至明末清初已经基本失传。

---

① 张洎、司马光：《贾氏谭录 涑水记闻》，孔一、王根林校点，上海古籍出版社，2012，第9页。
② 赵丽红：《清代宫廷文房用具述要之清代宫廷御用砚》，《书画世界》2017年第2期。
③ 《清乾隆内务府造办处活计档案：43册》，中国第一历史档案馆，第513页，转引自赵丽红：《清代宫廷文房用具述要之清代宫廷御用砚》，《书画世界》2017年第2期。
④ 杨兆泰纂、徐昭俭修《新绛县志》（卷十），民国十八年铅印本，第3页。

二、绛州澄泥砚的重生

20世纪80年代,新绛县掀起了研制澄泥砚的热潮,运城地区工艺美术学会成立了澄泥砚研究小组。[①]新绛县二轻局曾组织五金厂和工艺美术厂短暂试制过,且烧出过成品,但之后并未投入生产。1986年,时任新绛博物馆业务馆长的蔺永茂萌生了研制绛州澄泥砚的想法,遂与刚从学校毕业的儿子蔺涛开始对澄泥砚制作技艺进行研究。同年,蔺氏父子成立了山西省新绛县绛州澄泥砚研制所,并于1991年初步制成品质优良的澄泥砚,2000年实现量产。

蔺永茂、蔺涛父子首先对涉及澄泥砚制作技艺的古籍文献进行分类整理,从中总结澄泥砚的烧造技法。张洎的《贾氏谭录》、苏易简的《文房四谱》、米芾所著的《砚史》以及明曹昭的《格古要论》、近代邓之诚编纂的《骨董琐记》等著述中都有澄泥砚的相关记载。父子二人依托现有文献,追古溯源,从有关"秦砖汉瓦"和宫

[①] 山西二轻(手)工业史志编纂委员会编《山西二轻(手)工业志》,第196页。

澄泥砚制作技艺

廷"金砖"的烧造技艺记录中得到启示。首先,秦汉砖瓦由陶器析出,但又有别于一般陶器,是在民间砖瓦生产的基础上的升华。选用优质泥料,经过过滤澄清,放入一定添加剂后烧造而成的秦砖汉瓦,坚致细润,可琢为砚。其次,"金砖"也是精选优质泥,过滤沉淀,加添加剂,在窑内经过百种木材焙烧,成型后再经油液浸泡月余而成。[1]经过对大量资料的筛选并归纳总结,蔺氏父子制定出第一份烧造澄泥砚的工艺流程方案,并开始踏上寻找原材料之路。

汾水之畔的绛州自古就是重要的澄泥砚产地。然而,古时的汾河风貌早已不再,千百年来河泥特性的变化,使得《贾氏谭录》和《文房四谱》中记载的制砚取泥之法已难以付诸实践。蔺氏父子考察汾河下游两岸的水文特征后,广泛采集泥样,并进行比较实验。经过数百次的分析比较,两人最终将采泥的范围逐渐缩小到汾水下游新绛至龙门约100公里的范围内。他们认为,自管涔山奔涌而下的汾河,经过千里的跋涉流入新绛境内的汾河湾时,上游带来的含有多种矿物元素的优质泥沙沉积于此,是烧造澄泥砚的绝佳河泥。

澄泥砚制作技艺,要经过采泥选料、淘沙除杂、澄细、练泥、制坯、烘干、雕刻、焙烧、抛光等几十道工序,[2]其中"焙烧"是制作技艺中难

---

[1] 郭斌、蔺涛:《绛州澄泥砚重现砚林之始末》,载于杨伯珠、郑华龙主编《它山之语:走进蔺永茂的艺术人生》,中国文艺出版社,2019,第61页。
[2] 根据访谈记录。访谈对象:蔺霄麟;访谈人:高忠严、高若玉、白艺娜;访谈时间:2023年2月23日上午;访谈地点:新绛县光村绛州澄泥砚生产基地。

度最大、变化最复杂的一道工序。为此，蔺永茂父子建窑时首先尝试了文献中记载的"平地堆烧法"。实践后他们发现，这种方法无法控制窑温，只能烧出硬度低、质地疏松的原始陶器，而其中涉及的炉密、窑型、窑面分割、位置高低、比例距离等要素都需要反复实践。1989年，他们终于建造出第一座"试烧窑"，突破了制砚道路上的第二道难关。

　　在试烧的过程中，燃料的使用也非常关键。史料中记载的稻糠、麦草等在实验中表现不佳，关于"澄泥砚焙烧，非'百草灰'①不可"的传言，也在蔺永茂、蔺涛父子的反复实验中未能成功。蔺氏父子将"电""液化气"在内的各种能源、燃料都纳入实验，最终发现，木柴和煤是掌握窑内温度和控制火候的最佳燃料。蔺氏父子发现，澄泥砚的焙烧温度介于陶和瓷之间。假如温度过高，则会使砚体光滑、发墨下墨差，以致无法使用；而温度过低，则会导致硬度低、砚体疏松，研墨时泥墨俱下、渗水渗墨，同样也无法使用。此外，柴烧窑不似电窑，窑内温度的控制全靠多年的经验积累。

　　澄泥砚有鳝鱼黄、豆砂绿、玫瑰紫等多种颜色，如

---

① "百草灰"即指高山牧场的牛粪。

何复原澄泥砚"入窑一色，出窑千变"的特征，是蔺氏父子需要攻克的最后一个难题。经过多次实验，蔺氏父子发现，澄泥砚烧造成功的颜色，除与配料、添加剂的使用有关外，火候、气氛、湿度、温度也是关键。经过长期的探索，蔺氏父子研制出全套的澄泥砚烧成工艺技术，复原出鳝鱼黄、豆砂绿、玫瑰紫、蟹壳青、朱砂红等多种色彩，而且将窑变形成的花纹与各种色泽巧妙地结合起来，创造性地烧制出五色澄泥砚。1994年10月，蔺氏父子烧制的澄泥砚在中国名砚博览会上获得金奖，受到业界的一致好评。

绛州澄泥砚的重获新生不仅代表着一项民间手工艺的复苏，更代表着传统文化的传承延续，以及现代人对"被视为民族或地方人群日常生活中具有礼仪性或神圣性意义的符号"[1]的追索。

---

[1] 徐赣丽：《手工技艺的生产性保护：回归生活还是走向艺术》，《民族艺术》2017年第3期。

第二节　三代传承

一、绛州澄泥砚制作技艺传承谱系

"非物质文化遗产的本质不在于'物'与'非物'，而在于文化的'传承'，其核心是传承文化的人。"① 与物质遗产不同，非物质文化遗产是一种活态文化，它由人来表达、延续，并受到传承人的文化知识和技能的限制，其发展与走向也最终依赖于拥有这些知识和技能的民俗文化从业者。因此，梳理绛州澄泥砚的传承谱系，对于后续的研究有十分重要的意义。

《绛州澄泥砚制作技艺传承谱系图》是据目前所能搜集到的绛州澄泥砚从业者相关资料整理而成的传承谱系，能大致反映绛州澄泥砚目前的师承情况。

---

① 祁庆富：《论非物质文化遗产保护中的传承及传承人》，《西北民族研究》2006年第3期。

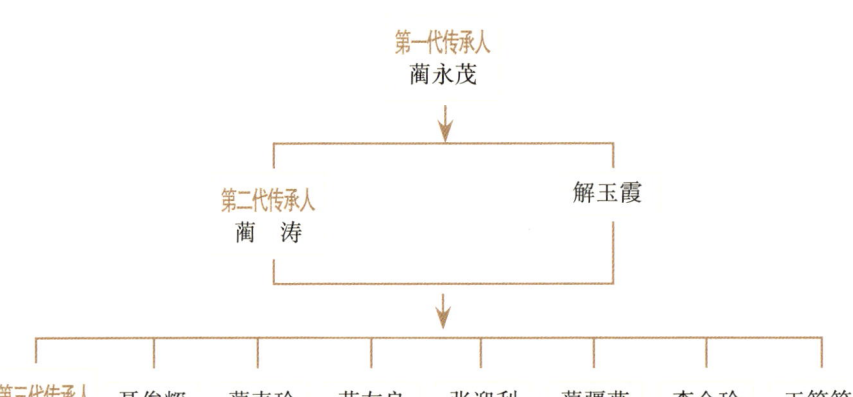

绛州澄泥砚制作技艺传承谱系图

二、三代传承人

1. 蔺永茂

蔺永茂，笔名新苗、绛石，山西省新绛县光村人，出生于1940年，第二批国家级非物质文化遗产项目砚台制作技艺（澄泥砚制作技艺）代表性传承人，绛州澄泥砚第一代传承人。蔺永茂毕业于山西大学艺术系美术专业，擅长版画、山水画与绛州古代民艺研究，是山西省漫画家学会会员、山西省考古学会会员。曾荣获"中国文房四宝制砚艺术大师""山西省工艺美术大师"等称号，并获得过"中国陶瓷艺术终身成就奖""山西省工艺美术大师终身成就奖""世界非物质文化遗产大会终身成就奖"等多项荣誉。

蔺永茂青年时期开始从事美术创作，后寄情于版画创作，先后创作出

《飞渡龙门》《稻香千里》《今日汾河》《吊金钟》《山道弯弯》等作品，为后来从事澄泥砚的设计与制作积累了深厚的功底。蔺永茂擅长从传统吉祥纹样中提炼设计思路，其澄泥砚作品有《鸳鸯砚》《辈辈封侯砚》等。

蔺永茂不仅在制砚和美术创作方面取得了引人瞩目的成绩，而且对剪纸、面塑、刺绣等民间艺术以及摄影、诗歌、楹联、散文等都有独到的见解与研究，著有《绛州澄泥砚》《追寻绿洲文集》《中国木版年画集成·绛州卷》《绛州木版年画遗珍集》《绛州木版年画·版与线的艺术》《民俗面塑技法》等多部著作。

2. 蔺涛

蔺涛，山西省新绛县光村人，1968年生，中国工艺美术大师，澄泥砚制作技艺省级代表性传承人，绛州澄泥砚制作技艺第二代传承人，中国文房四宝制砚艺术大师，中国工艺美术大师，山西省陶瓷艺术大师。全国劳动模范、全国"五一"劳动奖章获得者、首届轻工"大国工匠"以及享受国务院政府特殊津贴专家。

蔺涛和父亲蔺永茂使失传多年的绛州澄泥砚实现量产，并在恢复传统技艺的基础上，打造出"绛州澄泥砚"这一著名品牌，《云海腾蛟砚》等五个作品荣获联合国教科文组织颁发的"世界杰出手工艺品徽章"。蔺涛擅长把时代精神融入澄泥砚的创作，在确保实用功能的基础上，专注于造型、图案与颜色、纹理艺术的创新与升级，综合运用绘画、雕塑、书法、篆刻、诗词文学等多种艺术元素。其代表作品有体现山西地方文化特色的"一县一砚"系列以及红色革命圣地主题系列、廉政主题等红色系列，其中《东方之冠砚》被上海世博局选为定制礼品，《和谐砚》被上海世博局联合国千年发展目标公益活动选为指定礼品。

3. 解玉霞

解玉霞，山西省夏县人，1967年生，澄泥砚制作技艺省级代表性传承人，中华传统工艺大师，运城市工艺美术大师，中国文房四宝制砚艺术大师，山西省陶瓷艺术大师；曾获"山西省民间文化杰出传承人"、中国女企协"杰出创业女性"、全国九省市妇联"环渤海区域杰出创业女性"、"山西省巾帼建功标兵"、"运城市十大女杰"等荣誉称号。

1989年，解玉霞开始参与绛州澄泥砚制作技艺的研究复原工作，查阅资料，研发制作工艺流程。解玉霞主要从事制砚科技攻关与新砚型的设计开发，主张"制砚如同写作，文似看山不喜平，制砚更讲究层次，主题突出，立意高远，详略得当，方为好砚"[①]的制作理念。其作品古朴大方、雅俗共赏，参与设计的两岸清华大学百年校庆特制《荷塘月色砚》受到了

---

① 《绛州澄泥砚（2013年山西文博会特刊）》，内部资料，第64页。

广泛的好评。除此之外,解玉霞还参与撰写了《绛州澄泥砚谱》《荷香砚韵》等书籍。

作为蔺涛的妻子,解玉霞在深耕澄泥砚制作技艺之外,把主要精力放在了对外销售与品牌建设上。在她的辅助下,"绛州澄泥砚"品牌声誉日隆。

4. 蔺霄麟

蔺霄麟,1990年生。蔺涛、解玉霞之子,澄泥砚制作技艺市级代表性传承人,澄泥砚制作技艺第三代传承人。

2012年1月,蔺霄麟正式开始学习绛州澄泥砚的制作。2012年8月考入韩国国民大学陶瓷工艺系学习。2019年3月归国后,依托绛州澄泥砚的品牌效应,发展出线上销售与研学两大支脉。作品曾获山西省文博会金奖等奖项,代表作品有《福禄双全砚》及"绛州澄泥砚之云水系列""绛州澄泥砚之玲珑系列"和"绛州澄泥砚小新意系列"等。蔺霄麟的创新之处主要有二:一是积极吸取陶瓷、玻璃、雕塑等相近艺术形式的技法,拓展了澄泥砚的表现题材和造型内容,让澄泥砚走出传统使用空间;二是在设计元素和材料方面有着更强的包容性,对传统技艺进行了更加切合现代审美趣味的调整和尝试,以找到传统技艺与现代艺术、现代科技、现代生活的最佳结合点。蔺霄麟对绛州澄泥砚技艺的探索，也是"传统工艺艺术化倾向"的表现之一。

5. 聂俊辉

聂俊辉，男，1980年生，山西省工艺美术大师，现任绛州澄泥砚研制所生产部主任。澄泥砚制作技艺市级代表性传承人，运城市民间工艺美术大师。中国文房四宝协会会员，山西省传统工艺美术发展协会会员。新绛县职业教育中心特聘教师。

1997年，聂俊辉师从蔺涛从事砚台的雕刻工作，熟练掌握了绛州澄泥砚的工艺流程、技艺要点和雕刻技法，对绛州澄泥砚的主要特色、文化内涵以及文创产品的开发、设计理念等方面的知识有深入的理解。

2022年3月，被评为助理工艺美术师。2023年12月，被中国轻工业联合会评为工艺品雕刻工一级（高级技师）。

6. 蔺麦玲

蔺麦玲，女，1978生，澄泥砚制作技艺市级代表性传承人，中国文房四宝协会会员，新绛县美术家协会会员。

1997年，师从蔺涛与解玉霞学习澄泥砚的制作技艺，尤其擅长澄泥砚的雕刻与设计。

2022年3月，被评为助理工艺美术师，2023年2月，被授予"河东首席技师"荣誉称号；12月，被中国轻工业联合会评为工艺品雕刻工一级(高级技师)。

7. 范友良

范友良,男,1976年生,澄泥砚制作技艺传承人,中国文房四宝协会会员,山西省工艺品旅游纪念品生产经营协会会员。

2000年,师从蔺涛学习澄泥砚的烧造,逐步掌握了澄泥砚的全套制作技艺。其作品《鲤鱼跳龙门砚》《汾阳王砚》入选"山西省第二届文创产品展暨文化创意设计大赛";《舜吟南风砚》荣获"华夏古文明·山西好手艺"山西传统工艺主题展银奖,在全省"五小"创新大赛中获得"优秀成果二等奖"。

2023年2月,被授予运城市第三届"河东工匠"荣誉称号;12月,被中国轻工业联合会评为工艺品雕刻工一级(高级技师)。

8. 张迎利

张迎利,女,1982年生,绛州澄泥砚雕刻师,运城市工艺美术大师中国文房四宝协会会员,新绛县职业教育中心特聘教师。

1999年,拜师蔺涛,学习澄泥砚的雕刻。

2022年3月，被评为助理工艺美术师。2023年2月，被授予"河东金牌工人"的称号；12月，被中国轻工业联合会评为工艺品雕刻工一级（高级技师）。

2023年2月，在第二届"全国文房四宝用品制作砚雕技能竞赛"决赛中，张迎利获得"全国澄泥砚雕刻技术能手"荣誉称号。

9. 蔺疆燕

蔺疆燕，女，1985年生，运城市民间工艺美术大师，中国文房四宝协会会员，山西省传统工艺美术发展协会会员，运城市工艺美术协会会员，新绛县美术家协会会员。新绛县职业教育中心特聘教师。

2000年，师从蔺涛学习绛州澄泥砚的制作技艺，尤其擅长雕刻技艺。

2022年3月，被评为助理工艺美术师。2023年2月，被授予"河东金牌工人"的荣誉称号；12月，被中国轻工业联合会评为工艺品雕刻工二级(技师)。

10. 李金玲

李金玲，女，1980年生，中国文房四宝协会会员。

2003年，师从蔺涛学习绛州澄泥砚的制作。

2021年4月，被中国轻工业联合会评为工艺品雕刻工三级。2022年3月，被评为助理工艺美术师。2023年2月，被授予"河东金牌工人"的称号。

11. 王笑笑

王笑笑，女，1992年生，中国文房四宝协会会员，山西省民间文艺家协会会员。

2010年，师从蔺涛学习绛州澄泥砚的制作技艺。

2021年4月，被中国轻工业联合会评为工艺品雕刻工三级。2022年3月，被评为助理工艺美术师。

笔者在调查中发现，参与绛州澄泥砚制作的匠人除了有正式师徒名分的传承人外，还有受雇于研制所的工人也存在事实上的传承经历。这些匠人们之间大多都存在血缘、地缘等关系。例如，聂俊辉在十七岁时因为生计开始从事澄泥砚的雕刻工作，后来被蔺涛收为徒弟。再往后，他让堂姐聂惠玲也加入了这一行。除此之外，绛州澄泥砚光村生产基地其他的工人也大多都是本村或邻村人。

另外，在绛州澄泥砚文化园开展的研学活动中，有不少学生在活动中体验、学习澄泥砚的制作，也是澄泥砚群体性传承的表现。这些非正式的传承活动，对于澄泥砚制作技艺的传承与发展有着积极的促进作用。

第三节　口述生活

纵观绛州澄泥砚的发展之路，传承人的亲身感受与生活经历是其中最温情的部分之一。通过对蔺永茂等传承人生活的探寻，可以从传承人的视角构拟出社会变迁在个体生命上的投影，对探索绛州澄泥砚的制作技艺传承保护机制，有着十分重要的意义。

蔺永茂：丹心未泯创新愿，白发犹残求是辉

我出生在新绛县光村的一个书香世家。先祖蔺春选中举后在皇宫里当过老师，清嘉庆皇帝曾赐给他一块"文魁"的匾额，现在就挂在我们家的大门上。我从小就生活在这样的环境里——门前有上马石、石旗杆，这些都是先祖的荣光。我父亲蔺濬年轻时也是个读书人，后来去兰州经商，最后回到家乡务农。父母将近而立之年才有了我这个独子，并给我取名"永茂"。我出生时父亲还在大门上贴了一副对联："一子精心承大业，百家著力启宏图。"父亲母亲对我的影响是很深的，在他们的身上，我学到了勤学苦练、力求上进的拼搏精神。

我从小就在美术方面很有天分。（20世纪）50年代的时候，学校本要保送我去深造，但最后因为家庭原因放弃了。当时母亲已经去世了，为了更好地照顾父亲，我回到泽掌中学当了一名美术老师。除了

第四章 澄泥砚制作技艺

教授学生之外，我业余时间都在自修美术。1962年，我和妻子结婚。在她的支持下，我能心无旁骛地追求我的事业和爱好。1963年，我在山西大学美术专业的招生考试中获得了第二名的好成绩，但最终因为政审的原因没被录取。不过，这依然是对我那些年手不释卷的认可。我并没有因为生活中的种种坎坷而放弃对艺术的追求。1964年社教运动开始之后，我的版画作品《飞渡龙门》被选中去北京参展，之后创作的《煤海泪》《水牢恨》也获得了一些奖项。我的作品还曾受到时任中共中央华北局宣传部部长黄志刚的赏识，《晋南报》的总编也想让我留下当编辑。后来，我在新绛县委的安排下进入县美术馆从事美术辅导的工作。这一段工作经历让我接触到更大的世界，我开始认识到民间艺术的珍贵，也做了很多的搜集整理工作。1976年，我终于有机会被录取到山西大学攻读美术专业。大学期间，我受到刘建菁、史秉有两位先生的教导，开阔了视野、精进了技艺。毕业后我返回原单位工作，并于1984年被分配至县博物馆担任业务馆长一职。

正是在博物馆工作的期间，我与澄泥砚结下不解之缘。我从浩瀚的文博资料中再次感受到了中华文化之博大。当时恰逢一位古砚专家和我谈起了绛州澄泥砚失传之憾事，于是我决定加入澄泥砚研制的热潮中。我说服儿子蔺涛将工作转回光村，和我一起开始研制澄泥砚。

澄泥砚的研制过程是十分艰辛的。我们没有确切的关于澄泥砚制作技艺的资料，有的只是古书上寥寥数语的记录。我们不断地去尝试，从实践中摸索、检验。为了采集河泥，我和儿子去放置绢袋，差点被汾河水冲走；也经历过窑崩，险些被炸伤。往往是，一个流程几十道工序下来，颗粒无收，我们也只能咬紧牙关从头开始。

功夫不负有心人，1991年8月，我们终于试制成功了第一批澄泥砚，其中之喜悦难以言表。我们制作的绛州澄泥砚作为珍品被"中国印刷博物馆"收藏。1993年，古砚鉴赏家蔡鸿茹女士在《绛州澄泥砚再现新姿》一文中对我们的工作进行了介绍。1994年10月，我们制作的澄泥砚在"94中国名砚博览会"上展出并获得金奖。一时间，各种荣誉、名利纷至沓来。但是，我们并没有停下脚步，而是不断地改进技艺、丰富设计。2006年，我们申请了"绛州澄泥砚"的商标。2008年，绛州澄泥砚制作技艺被列入国家级非物质文化遗产名录。2009年，我被授予了国家级非物质文化遗产代表性项目代表性传承人的称号。2017年，我获得了"世界非物质文化遗产大会终身成就奖"。

别人说，蔺永茂现在算是名利双收了，但是我并没有因为外界的赞誉而放弃对文艺的追求。退休后，我每年都要外出写生，积累素材以备创作；还参加了"中国山水画研修学院"进修班，开始了对山水画的探索。除此之外,我对新绛的剪纸、面塑、木版年画等民间艺术都颇为感兴趣。我相信生命不息、学习不止,现在我不仅是一个制作澄泥砚的匠人,也是一个美术创作者、一个民间文艺爱好者。

蔺永茂有着良好的文化素养,在研制澄泥砚之前就已经是当地有名的美术尖子,是在博物馆工作的经历让他对民间手工艺产生了兴趣,进而催发了他研制澄泥砚的想法。凭借着不怕困难的顽强意志,蔺永茂实现了澄泥砚的量产。可以说,绛州澄泥砚的新生始于蔺永茂。

蔺永茂擅长从传统文化中汲取创作灵感。他把吉祥纹样、历史典故等内容雕饰在砚台上,这一风格也是现代绛州澄泥砚的主要特色之一。2017年,蔺永茂荣获了"世界非物质文化遗产大会终身成就奖"。这是对他个人成就的极大肯定。

蔺涛:逐"砚"而行,行将致远

受父亲的影响,我对美术创作抱有极大的热忱。十八岁从稷山师范毕业后,我被分配到县城西街实验小学教授美术,当时父亲已经萌生了研制澄泥砚的想法。对于研制澄泥砚,我一开始是不赞同的。我们一没资金，二没资料，三无实物，就算研制成功，也不能带来多大的经济回报。而父亲说研制澄泥砚是一个功在千秋的事情，于是，我被说服了。

我放弃了城里的工作，于1989年调回了光村。我的妻子也很支持我的决定，她不辞辛劳，与我们一同查阅资料并参与实验。从找资料开始，到后面的采泥、烧窑，父亲和我经历过成百上千次的失败。1991年8月，我们第一次成功烧出三块澄泥砚。1994年10月，我们烧造的澄泥砚在中国名砚博览会上获得金奖，得到了专家学者的认可。这一荣誉为我们打了一剂强心针，让我们感受到任重而道远。烧造成功只是万里长征的第一步，澄泥砚的量产仍然没有实现，我们的砚台经常出现整窑破损的现象。经过大量实验，到2000年左右，我们才实验出稳定的生产流程，实现了澄泥砚的量产。

为了把澄泥砚的制作技艺更好地传承下去，我们成立了澄泥砚研制所，注册了商标。在这中间，我们获得了政府的很多支持，我所2011年被评为"山西省文化产业示范基地"。

我深知，要想让澄泥砚经久不衰，只靠我们一家人的努力是不够的。我在光村的生产基地招收了一批又一批的徒弟，经过十几年的培养，徒弟们也可以独当一面了。我提出了非遗进校园的想法，在高校开设非遗课程。2016年，我们投资建设了绛州澄泥砚文化园。除了澄泥砚，园区还入驻了面塑、木版年画、剔犀等其他的非遗项目。

如今的绛州澄泥砚，是新绛的一张文化名片，我总算没有辜负父亲的期许，做到了守正创新。①

绛州澄泥砚第二代传承人蔺涛为绛州澄泥砚的壮大发挥了不可替代的重要作用。在设计方面，蔺涛把传统技艺和时代主题巧妙融合，让古朴的澄泥砚更加符合当代思潮。在传承保护方面，蔺涛实践了多种传习模式，打破了传统的亲缘传承模式的局限性；并且打造了绛州澄泥砚的品牌，营建了澄泥砚生产基地，并参与组建绛州澄泥砚研制所，还在政府的帮助下规划开发了绛州澄泥砚文化园等。

蔺霄麟：古为今用，历久而弥新

我的爷爷、爸爸和妈妈都是澄泥砚制作大师。受家庭的影响，我也选择继承澄泥砚的制作技艺，并在韩国国民大学学习了八年的陶瓷工艺。澄泥砚之所以受到人们的推崇，一是因为它贮墨不耗、积墨不腐，给人以呵气生津、触手生温的奇妙感觉；二是

---

① 根据访谈记录。访谈对象：蔺涛，1968年生，运城新绛人，中国工艺美术大师，绛州澄泥砚第二代传承人；访谈人：高忠严、常琳、白艺娜、郭畅；访谈时间：2023年6月23日上午；访谈地点：新绛县光村绛州澄泥砚生产基地。

因为其纯手工制作、古法柴烧、良品率低，澄泥砚制作前后要经过70多道工序，工期历时一年之久。

现代人的消费观念也在转变。考虑到年轻人不喜欢过于厚重、传统题材的砚台，我回国之后就先做了玲珑系列，一共15个造型。刚开始，我只是想把澄泥砚做小。因为澄泥砚烧造完成之后，随着时间的流逝会出现"玉化"的现象，这个特性使澄泥砚特别适合作手把件，小砚台就更适合被放在手里把玩。之后，我又设计了云水系列、润系列、本然系列、迷你系列、小新意系列等等。做云水系列，更多是想借云水相融的意象来表现男女之间的爱情，也是传统纹样与新巧思之间的一个互融；小新意系列的意思是"有新意的小心意"，它可以作为一个很好的礼物；"迷你系列"是仿古砚的缩小版，依然保留了砚台本身的实用功能，可以用来做调色盘等等；本然系列做的是仿宋砚，这种造型比较规整的砚台，成品率非常低。澄泥砚由于技法的限制，更适合制作随形造型的砚台，所以规整的仿古砚就更显得珍贵了。

不同于父亲的审慎，我的想法比较天马行空，也常常被父亲提醒不要步子迈得太大。2019年回国之后，我着手发展线上销售渠道。我们有电商、短视频和直播，每月的成本和利润基本能够持平。研学的思路也是我最先提出的。2019年以来，陆续有山西大学、太原理工大学、运城学院的学生过来交流学习。我们的澄泥砚文化园可以为他们提供从住宿到学习、体验制作等一系列的服务。

留学的经历让我更愿意把一些现代的设计思路融入澄泥砚的制

作，我尝试过以高岭土为泥料来烧制砚台。

爷爷给我的影响是很大的，他是学者型的，常常鼓励我改变泥料的配比和窑位，通过做实验的方式找到烧制砚台的规律。①

习近平总书记多次强调，弘扬中华优秀传统文化，要处理好继承和创造性发展的关系，重点做好创造性转化和创新性发展。文化从来不是一成不变的，它随着民众生活的变化而不断演进。作为第三代传承人，蔺霄麟敏锐地感知到社会的变化，并大胆提出转型。不同于父辈的学习经历和生活体验赋予蔺霄麟跳出传统思维的勇气与能力，使他能够在致敬传统的前提下不断改变、创新，为澄泥砚制作技艺的发展注入一汪活水。蔺霄麟的设计理念与运营模式，不仅为其项目本身增添了变现潜力，更是打开了一个巨大的需求空间、提出了一种传统与当代互济共荣的思路，让澄泥砚更好地融入当代社会。

---

① 根据访谈记录。访谈对象：蔺霄麟，1990年生，运城新绛人，澄泥砚制作技艺市级代表性传承人，绛州澄泥砚第三代传承人；访谈人：高忠严、高若玉、白艺娜；访谈时间：2023年2月23日上午；访谈地点：新绛县光村绛州澄泥砚生产基地。

澄泥砚制作技艺的三代传承人见证了绛州澄泥砚从发迹到兴盛的全过程。蔺永茂的个人经历，体现了老一辈人特有的坚韧品格；蔺涛夫妇毕业后投身家乡的经历，既是个人的选择，也是时代的投影；蔺霄麟学成归国，见证了非物质文化产业的蓬勃发展。

第四节 传承机制

非物质文化遗产是由人来表达的活态文化，由于技艺的复杂性，其传承与发展往往要依靠师徒之间的"口传身授"。绛州澄泥砚制作技艺的传承主要有亲缘传承和业缘传承两种。除此之外，还有组织培训、校企合作等非正式的传承形式。

一、亲缘传承

"亲缘是以亲属为纽带而形成的宗族亲戚关系"[①]，亲缘传承是以亲缘关系为桥梁，以家庭为基本单位构成的传承方式。在手工业发展处于早期阶段的传统农耕社会，民间手工艺品的制作技艺是十分重要的生计方式，从业者会严格保守自己的制作机密，将自己所掌握的那一类手工艺技术只传授给自己的亲属。这些手工业者珍

---

① 林其锬、吕良弼主编《五缘文化概论》，福建人民出版社，2003，第201页。

视自己的技术，为其保有的技艺延续起到了正向作用。进入工业化社会以来，这一传统依然在延续，家族成员之间的传授是最常见的传承方式，家庭也是十分重要的传承场域。

亲缘传承凭借着家庭成员之间的血缘关系，将传承人及传承对象紧密地联系在一起，成为家族责任与使命，从而构成了一条稳定而又完整的技艺传承链。绛州澄泥砚制作技艺的传承机制具有典型的亲缘性特征：第一代传承人蔺永茂与第二代传承人蔺涛是父子关系，蔺涛与解玉霞是夫妻关系，第三代传承人蔺霄麟与蔺涛、解玉霞是亲子关系。蔺家的三代传承进一步为绛州澄泥砚制作技艺的发展夯实了技术基础。

在家族传承中，手艺除了是维系生计的手段外，传承人往往把传承家族的技艺作为家族责任，没有传承延续就是对长辈的不孝，其中蕴含的家庭伦理是血缘传承的首要动力。在此背景下，亲缘传承的传承人在面对困境时，往往具有更强的抗压能力。在绛州澄泥砚制作技艺的三代传承中，也不难看出这一点。蔺永茂在儿子蔺涛求学之前，就早早为儿子择定了美术专业，以期未来他能继承自己的衣钵。蔺涛毕业后，蔺永茂又积极说服蔺涛放弃城里优渥的生活，回到老家光村参与澄泥砚的研制。蔺涛向父亲表达过反对，并指出澄泥砚研制过程中可能存在的种种困难。但在蔺永茂的坚持下，蔺涛还是将研制澄泥砚作为自己的使命，积极主动并持之以恒地从事这项事业。蔺霄麟同样也在父亲蔺涛的影响下选择了陶瓷专业，以备学习澄泥砚的制作技艺。

家庭能够把家庭成员有机地凝聚成为一个利益共同体，这对于技艺的传承与壮大有着不可替代的显著优势。在家庭中，技艺保有者把全部的秘诀传授给有亲缘关系的成员的做法，不但不会损害个人利益，还可能会为后代拓开一条生计之路。由此，"手艺"这一特殊的私有财产便会被代代传承。同时，传承人的后代从小能够耳濡目染地在游戏和生活中学到行业知识，因而在后天学艺的过程中，能够较旁人更快更好地领悟和接受技艺的要点。第三代传承人蔺霄麟从小就生活在这样的环境中，澄泥砚研制所是他的生活场域，"制砚"是他的游戏，所以长大后的他就自然而然地接过了父辈手中的接力棒，并把自身的学习经历和生活感受融入澄泥砚的设计制作与品牌运营中。身为传承人，蔺霄麟见证了父辈的成功与声誉，这样的体验加深了他作为接班人的责任感与使命感，从而能促使他更积极地传承绛州澄泥砚制作技艺。

在亲缘传承中，传承人即是家庭的家长，又是事业上的领导，这种双重的权威身份，提高了传承过程的效度。承传者出于敬畏心理，能够在较短时间内习得技艺，并且不会因为个人利益而牺牲家庭利益。由此看来，亲缘传承的方式有成本低、效率高的特点。蔺永茂也曾与外人合作，但两次都遭到背弃，引发了不小的纠纷并造成了损失。之后，蔺永茂把目光转回到自己的子女身上，在家族成员的共同努力下一步步达成今日的成就。蔺永茂以家庭中大家长的身份，赋予家族成员责任与使命，这也是绛州澄泥砚复兴三十余年来能够经久不衰的源动力之一。

二、业缘传承

"业缘关系，是人类在社会物质生产与再生产过程中直接或间接形成的社会生产关系。"①业缘传承，是随着社会分工的出现发展而来的传承关系。业缘传承，在绛州澄泥砚制作技艺的传承体系中具体表现为师徒传承。师徒传承制具体表现为一种带徒传艺的活动，是非物质文化遗产纵向传承的方式之一。传统意义上的师徒传承是指没有血缘关系的师父与徒弟，以契约关系维系的一种传授活动，是千百年流传下来的具有农耕文明时代烙印的民间文化所特有的传承法则。

师徒传承使技艺从有血缘关系的家庭内部流向无亲缘关系的外部，扩大了技艺传承的边界。这种外部的师徒关系通过正式拜师仪式建立，从而结成业缘关系。在传统的师徒关系中，徒弟与师父之间存在人身依附关系和道德约束，师父拥有大家长的权威，徒弟处于服从的地位。但是在现代社会，师徒关系已异化为雇佣关系、工作关系，师徒之间的关系是平等的。在新绛新绛县光村绛州澄泥砚生产基地，有许许多多的学徒在这里工

---

① 郑土有：《五缘民俗学》，同济大学出版社，2013，第135页。

作，他们之中脱颖而出者会被赋予正式的师徒关系，张迎利和范友良就是其中的代表。两人分别在雕刻和烧造方面表现突出，因而被蔺涛收为徒弟。他们频繁代表绛州澄泥砚研制所出现在正式的宣传场合，多次作为技术骨干被派遣至高校交流学习，成为研制所的"顶梁柱"之一。

由于传统手工艺在传授过程中大多会趋于保守，徒弟在学艺时需要循序渐进地习得核心技术。他们往往会在日复一日、年复一年的训练中逐渐领悟完整的技艺，甚至出现优化传统技艺的结果，这就可能促使技艺不断改进，让手艺得到更有效的传承与发展。范友良就是其中的典范。2000年，他作为学徒进入绛州澄泥砚研制所学习制砚，从过滤、揉泥、制坯这三项基本功开始学起。两年后，由于范友良虚心好学、踏实肯干，蔺涛收他为徒。从师六年后，范友良在反复的练习中逐渐掌握了制坯、雕刻、焙烧等关键技艺。之后，范友良开始自己设计新砚型，逐渐展现出个人的风格，并取得了令人瞩目的成绩。他擅长从传统文化和地方特色中寻找创作素材，在精湛的雕刻工艺加持下，其作品《鲤鱼跳龙门砚》《汾阳王砚》在2018年入选"山西省第二届文创产品展暨文化创意设计大赛"，《舜吟南风砚》在2021年荣获"华夏古文明·山西好手艺"山西传统工艺主题展银奖。2021年12月，范友良参与研究的澄泥砚制作技艺技术在全省"五小"创新大赛中获得"优秀成果二等奖"。2023年2月，范友良被授予"河东工匠"称号。此外，范友良也参与学员的培训工作，为绛州澄泥砚的技艺传承做出了很大的贡献。

三、非正式传承

绛州澄泥砚的非正式传承主要有组织培训和校企合作的路径。

传统手工艺历经长期实践能够拥有程式化、规范化、标准化的体系，其操作要点、工艺流程及注意事项等相关准则进一步趋于固定。出于对利益的追逐，传承人也会乐于通过将技艺规范化的方式来扩大生产规模。经过多年的探索和发展，绛州澄泥砚生产基地已经发展出一套较为完整的生产程式。依据澄泥砚制作技艺的相关工序，澄泥砚研制所从本地招募学徒工，并根据其个人禀赋来为他们分配不同的工作，让其参与到澄泥砚制作中。以张迎利为例，她十六岁来到澄泥砚生产基地，二十三年来一直从事雕刻的工作。澄泥砚研制所有与她经历相同的工人，大多是光村或邻村的女性。她们大工带小工，几人一组负责一项工作。大工通过"传帮带"的方式源源不断地培训出熟练工，而小工能在三个月内掌握基本技法，并通过三到五年的练习成长为一个合格的大工。这样的工作，时间灵活，方便农村女性照顾家庭，同时收入可观，因此受到很多人的青睐。这种组织培训的培养模式虽然脱离了正式的传承序列，但仍在事实上为澄泥砚技艺的传承储备了大量的人才。

学校是非物质文化遗产保护传承的重要场所，校企合作的传承方式能够在更大范围内传播知识，对技艺的保护和传承具有重要作用。作为区域文化中心的地方院校，对当地非遗资源进行系统性的整理以及充分利用自身优势对非物质文化遗产进行传播与保护则更利于形成正反馈。绛州澄泥砚研制所在高职院校开设"非遗"相关专业，开展校企合作，能够向高校学生普及澄泥砚的基本知识，在素质较高的学生群体中播下传承的种子。澄泥砚制作技艺带有明显的地域特征，与新绛当地的地理物候、风土人情息息相关，是地方性知识的典型代表。因此，绛州澄泥砚研制所与地方高校、地方中职院校的合作拥有天然的优势与便利。这种方式对于澄泥砚制作技艺的活化与传承有着积极的作用，并且能够在澄泥砚的传承保护与新绛地方文化建设之间形成相互促进的关系。

绛州澄泥砚在亲缘传承、业缘传承和非正式传承等多种传承方式的互嵌中欣欣向荣。其中，亲缘传承能够以较低的成本和较高的效率把家族成员紧紧地凝聚在一起，确保了核心知识的代代传递；业缘传承能够打破原有的传承半径，通过传承的变异性扩展了原有技能的边界；而非正式传承虽然游离于传承链之外，但仍然为搭建澄泥砚的活化空间起着积极的作用。

第五章

澄泥砚回首与展望

非遗在当代的传承和发展，最好的办法就是与当下市场相结合。对于具有较强生命力和开发潜质的传统手工艺来说，合理对其进行创新性开发与创新性传承，使其同时兼具文化价值和商品属性是最好的传承与发展。因此，生产性保护不仅仅是绛州澄泥砚探索自身出路的过程，也是增强其生命力、促进其活态传承的有效途径。依托于绛州澄泥砚研制所，通过发挥其独特的文化价值作用，以生产、销售、展览、研学等方式，将绛州澄泥砚这一非遗项目的文化附加值充分挖掘和发扬，进而产生一定的经济效益。

第一节　生产性保护

非物质文化遗产是民众在长期社会生活实践中共同创造出来的智慧和经验的结晶，是中华优秀传统文化的重要组成部分。我国的非遗保护根据不同类别和存续状况的非遗项目采取了四种常见保护方式：抢救性保护、整体性保护、生产性保护和立法保护。其中生产性保护是适合手工艺类非遗的一种保护方式，是指在具有生产性质的实践过程中，以保持非物质文化遗产的真实性、整体性和传承性为核心，以有效传承非物质文化传承技艺为前提，借助生产、流通、销售等手段，将非物质文化遗产及其资源转化为文化产品的保护方式。[1]

---

[1]《文化部关于加强非物质文化遗产生产性保护的指导意见》，《中国文化报》2012年2月27日。

澄泥砚制作技艺

一、非遗项目引领下的绛州澄泥砚的生产性保护现状分析

绛州澄泥砚作为传统工艺品，是中国传统文具之一，始创于唐代，从中唐起就被列为"贡砚"。然而，由于绛州澄泥砚制作工艺复杂、周期较长，故产量极少。到了明末清初，随着石砚、铜砚、漆砂砚、木砚等砚类的出现，日渐式微的绛州澄泥砚在行业竞争中处于下风，制作技艺逐渐失传，之后更断档了三百余年。1986年开始，蔺永茂、蔺涛父子便致力于澄泥砚制作技艺的恢复工作。1991年，父子二人终于使失传的澄泥砚制作技艺重现人间，绛州澄泥砚重新成为新绛县的一大地方特产。

绛州澄泥砚不但获得了重生，而且蓬勃出比之前更为旺盛的生命力。1995年申请注册"绛州"商标，1997年获得核准。1997年进京参加由中国文房四宝协会主办的"97中国文房四宝展览订货会"，蔺永茂、蔺涛两位传承人制作的《海天浴日砚》《乾隆御用云龙砚》在名砚评选中双双荣获"中国文房四宝行业精品砚优秀奖"。1997年2月，国家商标局依法核准绛州澄泥砚研制所注册商标申请，颁发"绛州"牌注册商标证，终于让历代芳名未定的绛州澄泥砚受到法律保护，商标"绛州"成为保护"绛州澄泥砚"品牌质量不受侵害的有力保障。[1]经过蔺氏父子的努力，绛州澄泥砚逐渐成为代表中国的"中华国礼和国家名片"，并走向了世界。"绛

---

[1] 吕东博、张祥、张洁：《让非遗文化绽放新光彩》，内部资料。

州"商标2005年荣获"中国著名品牌","绛州澄泥砚"商标并被认定为"中国驰名商标",成为中国砚台产业中唯一的获得者。2006年,砚品《云海腾蛟砚》获世界手工艺品的最高荣誉称号——联合国教科文组织颁发的"世界杰出手工艺品徽章";之后,2007年、2008年、2010年、2014年、2016年、2024年,又有七件砚品获此世界手工艺品的最高荣誉称号。2008年,澄泥砚制作技艺被列入国家非物质文化遗产保护名录;因技艺精湛,蔺氏父子荣获国际国内奖项100余项,所创作的精美砚品被数十家博物馆收藏。2019年12月5日,绛州澄泥砚因其精湛的制作工艺、独特的文化内涵和重要的艺术价值,被时任山西省委书记的楼阳生赞誉为当之无愧的"山西三宝"之一。①

非遗立项后,传承人不断研发与创新,绛州澄泥砚远销国内外。与此同时,在政府的支持下,随着非遗保护发展的不断推动,绛州澄泥砚从最初的家庭作坊发展到现在"传承人+生产基地+文化园+学校"的生产模式,绛州澄泥砚研制所先后被确定为"山西省文化产业示范基地""山西省对台交流基地""中华优秀传统文化

---

① 《绛州澄泥砚(回眸20年)》,内部资料,第4页。

传承发展示范点"和"运城市传统非遗文化双创基地"等，并逐渐实现了产业化发展，为传统澄泥砚工艺带来了更加长远的发展。这不仅标志着绛州澄泥砚产业规模的扩大，同时也为绛州澄泥砚产业发展注入了新的动力，引领绛州澄泥砚继续稳步向前发展。在一定程度上，绛州澄泥砚文化的宣传与推广，也促进了当地旅游业的发展，并带动了当地经济的发展。

绛州澄泥砚的生产性保护，是时代发展的必然趋势。传统手工艺必须与时代创新结合起来，才能更好地传承下去，后期还需要通过宣传，让更多人了解绛州澄泥砚的文化意蕴，才能使绛州澄泥砚更好地融入当代生活。

二、绛州澄泥砚文化产业"孵化模式"

1. 政府多方位保障

新绛县近年来加大传统文化和乡村文明振兴建设，支持传统文化和非物质文化遗产的保护和发展。在各级政府的关怀与支持下，绛州澄泥砚研制所投资建设的"新绛县绛州澄泥砚文化园"在2017年正式运营，目前已经入驻32家传统非遗企业、个人独资企业和个体户等，成为全方位、一站式展现新绛县非遗文化的重要平台和基地。该文化园文化旅游一体化发展，包括绛州澄泥砚珍品馆、博物馆、国家级制砚大师珍品馆、文化交流中心、非遗展示中心、弟子规国学园、商务科研楼等，涵盖面塑、云雕、木版年画、青铜器等非遗文化的制作工艺流程以及历史渊源、工艺展示等，是集交流、展示、技艺体验以及旅游观光等功能为一体的综合文化主题园区和砚台非遗文化主题园区。

作为太原、运城等多个院校的实习与实践教学基地，文化园于2018年被新绛县委县政府认定为新绛县中小微企业非遗文化创新创业基地，并先后被新绛县党史研究室、中共运城市委党史研究室、中共新绛县纪律检查委员会、新绛县监察委员会等评为新绛县"红色文化传承教育基地"、运城市"红色文化传承教育基地"和新绛县"廉政文化教育基地"，成为中小学生传统文化教育、革命传统教育和爱国主义教育的重要平台之一；2019年9月，文化园区被中共山西省委台湾工作办公室、山西省人民政府台湾事务办公室授予"山西省对台交流基地"；2019年12月，被认定为运城市小微企业创业创新基地；2020年，被授予运城市中小学生研学实践教育基地和运城市党史学习教育基地；2021年，被认定为省级小微企业创业创新基地、文房四宝技艺研学基地、中共运城市委党校现场教学点，同时被中共山西省委统战部、山西省非遗保护促进会授予非遗大师工作室，中国共产主义青年团山西省委员会、山西省传统工艺美术发展协会授予其山西省工艺美术（非遗）青年实训基地；2022年，被中国轻工业联合会授予"工艺美术大师传承创新基地",被山西省文化和旅游厅授予"山西省文化产业示范园区",被山西省归国华侨联合会授予2022年度"山西省新侨创新创业示范基地",被山西省研学旅行协会授予山西省研学旅行实践基地。2022年9月,文化园入选全国非遗与旅游融合发展优选项目名录——非遗旅游街区。

2. 人才培育

政府不断推动校企合作,给予绛州澄泥砚研制所很大的支持。目前,绛州澄泥砚研制所通过以师带徒的传承模式培养传承人,形成了完整的传承谱系。第一代传承人蔺永茂、第二代传承人蔺涛是第二批国家级非物质文化遗产项目砚台制作技艺(澄泥砚制作技艺)国家级代表性传承人。

蔺涛认为,绛州澄泥砚制作技艺要想传承下去,最核心的任务是人才的培养。作为制砚大师,蔺永茂父子在培养传承人上丝毫不敢懈怠。每月5日和10日,研制所集中学习交流,由蔺永茂亲自授课;研制所高薪聘请专家、学者以及国家级、省级代表性传承人授课并实际指导,以提高传承人的文化艺术与专业素养。经过多年的培养,蔺涛的徒弟已达数百人,很多传承人已成长为澄泥砚行业内的佼佼者,获得的荣誉数不胜数。

培养传承人的同时,蔺涛带领传承人参加相关的学术交流活动,与工艺美术界、文房四宝界、收藏界等专家交流学习;组织参加国际性的文化交流活动,参加全国各地的展览会、大赛等,进一步扩大了绛州澄泥砚在全国甚至海外的影响力。为进一步提升传承人的专业技能、艺术水平,蔺涛定期选派业务骨干到清华大学、北京大学、景德镇陶瓷艺术大学等院校进修学习，并组织传承人参加工美和文化行业举办的各种技能大赛。

在带徒学艺之余，蔺涛一方面提出"非遗技艺进校园"，以校企合作为平台，在高职院校开设"非遗"相关专业；另一方面在运城市和新绛县政府的支持下成立研究中心、打造文化产业园，为新绛"非遗"项目强强联合、抱团发展提供平台。从2010年起，绛州澄泥砚研制所与新绛县职业教育中心、运城学院、太原师范学院、山西科技大学、运城师范学院、运城幼儿师范学院、山西师范大学签定校企合作协议，成为多所院校的免费实习培训基地。蔺涛带领自己的弟子定期去大、中、小学校授课，将非遗技艺带入校园、进入课堂，让年轻一代热爱山西非遗文化，了解优秀的传统技艺。经过多年的努力，"非遗技艺进校园"不仅极大地促进了非遗文化的宣传传播，也很好地锻炼了澄泥砚制作技艺的传承队伍。

蔺涛的儿子——第三代传人蔺霄麟助力创新非遗保护、传承与发展模式，致力于打造集技艺展示、传承、体验、旅游于一体的新绛县绛州澄泥砚文化园，带动石雕、云雕等30多家非遗文化企业共同发展。

此外，绛州澄泥砚研制所还与国内外一些学校进行澄泥砚制作技艺的传承与交流合作，相互学习借鉴非遗传统工艺，共同培育澄泥砚制作技艺的传承人才。

3. "传承人＋企业＋生产基地+文化园"是澄泥砚制作技艺的发展模式

绛州澄泥砚发展至今，离不开其"传承人+企业+生产基地＋文化园"的发展模式。传承人蔺永茂和蔺涛创立的山西省新绛县绛州澄泥砚研制所，是集"科、工、贸"为一体的文化企业，曾先后获得全国顾客满意示范单位、推动中国文化产业发展十大最具影响力单位、山西省重合同守信用企业、山西省专精特新企业、山西省质量信誉AA级企业、山西省非物质文化遗产十佳保护单位、山西省传统工艺美术先进集体、中国文房四宝先进单位、运城市首批知识产权示范企业等荣誉称号。2022年6月，研制所入选2022年山西省十大非遗保护实践优秀案例。

研制所的主营业务是研制开发绛州澄泥砚。目前，研制所已自主开发数十个系列、上千个澄泥砚品种，并凭借精湛的制作工艺、优良的产品质量、精妙的雕刻技艺和深厚的文化内涵，赢得了海内外书画名人的广泛赞誉和青睐。研制所自成立以来，先后获得国际、国内奖项200多项，逐步树立起"行业品牌""大师品牌"和"质量品牌"，成为中国澄泥砚行业第一品牌。研制所现拥有国家级非物质文化遗产代表性传承人1名、中国工艺美术大师1名、山西省工艺美术大师3名、中国文房四宝制砚艺术大师3名、山西省陶瓷艺术大师4名、运城市工艺美术大师1名，运城市民间工艺美术大师2名、国家级非遗技艺传承人20余名。

研制所投资建设的生产基地和文化园,旨在打造文化产业与旅游产业相结合的新模式,力争将"科、工、贸"为一体的研制所发展壮大成有规模、有档次的民族文化产业。其中"绛州澄泥砚文化园"是山西省"十二五"文化产业提升类重点项目,也是运城市委、市政府大力发展文化产业,实现运城转型跨越的一项重大举措。

4.绛州澄泥砚品牌特色化发展

只有将非遗项目品牌化,实现非遗品牌产业化,才能够使这些非遗项目获得长足的发展。对于绛州澄泥砚而言,品牌化不仅可以向世界展示澄泥砚的制作技艺,同时还可以在众多非遗品牌中找到自己的立足点和话语权,从而更有利于澄泥砚的推广和品牌的产业化。蔺涛将传统工艺与现代创新相结合,在保护非遗文化的基础上,根据市场需求,引入新媒体,从而不断扩大澄泥砚的非遗文化影响力。

在绛州澄泥砚品牌建设的过程中,蔺涛将传统与时代相结合,在确保澄泥砚实用功能的基础上,注重造型、图案与色彩、纹理艺术的创新与升级,使绛州澄泥砚在当下更有生命力。

三、绛州澄泥砚的品牌效应

近年来，传承人蔺涛依托绛州澄泥砚研制所打造的绛州澄泥砚文化园，以"新绛文化会客厅"为定位，通过"文化+旅游"的方式实现规模效应，推进新绛文旅融合。2022年，绛州澄泥砚文化园被评为山西省文化产业示范园区。与此同时，蔺涛积极推动文化园和各大高校开展研学交流活动，在北京举办的第五十届全国文房四宝艺术博览会上，绛州澄泥砚研制所与太原科技大学、太原师范学院等院校合作的文创产品现场售出200余块砚台，彰显了绛州澄泥砚文化名片的作用。

第三代传承人蔺霄麟在苦练澄泥砚基本功的过程中发现，传统澄泥砚产量少、价格高，大多只具有收藏价值。他认为要让澄泥砚真正走进大众生活，必须走创新之路，才能更好满足当代年轻人的审美与需求。[1]于是，蔺霄麟组建团队，不断创新，顺应时代，尝试引入电商机制，开设了网店，利用网络直播向大家介绍绛州澄泥砚的历史文化和制作技艺。与此同时，他们还积极与其他地方名品达成合作，不仅拓宽了澄泥砚的销售渠道，同时也在一定程度上宣传了绛州澄泥砚文化，逐渐被大众熟知。

---

[1] 根据访谈记录。访谈对象：蔺霄麟，1990年生，运城新绛人；访谈人：高忠严、常琳、白艺娜、郭畅；访谈时间：2023年6月23日；访谈地点：新绛县光村绛州澄泥砚生产基地。

四、澄泥砚在发展中的问题思考

在经济、科技高速发展的今天，传统手工艺面临严峻的挑战，其赖以生存的文化生态环境发生了巨大改变，从而导致其生存发展出现危机。就绛州澄泥砚而言，所面临的问题主要有如下三点：

1.原材料利用率低

近年来，随着汾河流域生态环境的变化，汾河的径流量和流速都发生了很大的改变，尤其受上游区域植被影响导致的水源涵养不足以及汾河污染严重等因素，致使新绛县河段的古河床泥料中的含沙量、杂质过高，从而使制作澄泥砚的优质原料来源呈现日趋紧缺的趋势。2017年1月11日，山西省第十二届人民代表大会常务委员会第三十四次会议通过《山西省汾河流域生态修复与保护条例》，提出要加强汾河流域生态修复与保护，规范流域内开发、利用、建设等活动。实施汾河流域生态治理修复与保护工程，是山西省委、省政府推进生态文明的重大战略决策，是山西中部盆地城市群一体化发展战略、完善山西省改革开放空间布局、为山西高质量

澄泥砚制作技艺

生产基地内景　　贾耀辉/摄

转型发展提供强大引擎、更好融入国家区域协调发展战略的重要支撑之一。从长远看，汾河生态环境的改善对于绛州澄泥砚而言，是极大的利好。然而，因为澄泥砚制作原材料的特殊性及其对汾河的极度依赖，势必短期内会对绛州澄泥砚的生产造成一定的影响。

传承人蔺涛介绍，制作绛州澄泥砚的原料泥来源于汾河河床，但不是所有的河泥都能制作澄泥砚，所以要不断地选泥、采泥，因此对于汾河的依赖很大。绛州澄泥砚的制作技艺极为复杂，因而对于成品的要求也极为严苛，只有质地细腻且"贮墨不耗，积墨不腐""呵气生津，触手生晕""发墨而不损毫"的成品才能称之为绛州澄泥砚。据蔺涛介绍，出窑后的成品率仅有30%，再加上传统工艺中手工制作的不可控性和随意性，以及由于在制作绛州澄泥砚的过程中产生的废坯废料没有得到重复利用，造成了本就有限的原材料浪费。①

近年来，传承人也尝试过对废坯废料的利用，如蔺霄麟利用废弃澄泥砚在生产基地打造了"网红墙"。然

---

① 根据访谈记录。访谈对象：蔺涛；访谈人：高忠严、高若玉、白艺娜；访谈时间：2023年2月23日上午；访谈地点：新绛县光村绛州澄泥砚生产基地。

而，此举仅是对废弃澄泥砚的部分利用，未来如何提高澄泥砚的成品率、如何更有效地利用废弃澄泥砚才是更值得进一步研究和探索的难题。

2.机械化生产对传统手工工艺的冲击

现代社会，随着科学技术的不断发展和生产工具的更新迭代，传统的生产生活方式所遭遇到的冲击越来越大。机械的进步和工具的革新，使工匠们逐渐从繁重的劳动生产中解放出来，但同时也使得手工制作日益被边缘化，且呈现日渐式微的趋势，对于澄泥砚制作技艺构成了极大的挑战。然而，规模化生产一定程度上也影响了澄泥砚的品质和技艺传承，原本独一无二的澄泥砚逐渐被同质化的澄泥砚产品所取代。这不但削弱了绛州澄泥砚的文化价值，而且一定程度上对澄泥砚制作技艺的传承造成了阻碍。

3.假冒产品充斥，营销环境浑浊

随着时代的发展，澄泥砚产品不断推陈出新，澄泥砚市场呈现一片繁荣。近几年，绛州澄泥砚的生产规模逐步扩大，销量也不断攀升，不仅给当地群众创造了就业增收的机会，同时成了富民产业和经济发展的支柱性产业。然而，不断扩大的生产规模往往会生出一些弊端，过高的商业利润也会滋生一些扰乱市场秩序的行为。有很多小作坊、家庭小厂为了追逐经济效益最大化，开始采用批量化生产模式，雷同化、同质化现象严重。一些小厂粗制滥造，甚至假冒、仿冒，扰乱了市场秩序，严重损害了绛州澄泥砚的声誉，对于绛州澄泥砚生产性保护产生了极消极的影响。能否健康

第五章 澄泥砚回首与展望

用废弃澄泥砚制作的网红墙　　贾罐辉/摄

地生产性保护，非遗能否原生态传承，传承人的作用至关重要。如果任由假冒伪劣产品充斥市场，那么非遗必定会被改得面目全非，"原真性保护"就会沦为一句空谈，也会对非遗资源造成保护性破坏。[①]

[①] 潘彦瑾：《非遗视域下四川传统竹编技艺的生产性保护研究》，硕士学位论文，成都大学，2021。

绛州澄泥砚网红墙　贾耀辉/摄

第二节　文旅融合

2016年，国务院在《"十三五"旅游业发展规划》中提出，要推进融合发展，丰富旅游供给，形成综合新功能，在推进"旅游+"方面取得新突破；在"旅游+现代服务业"方面，强调"促进旅游与文化融合发展，培育以文物保护单位、博物馆、非物质文化遗产保护利用设施和实践活动为支撑的体验旅游、研学旅行和传统村落休闲旅游"。

一、文化输出

文化元素是文旅融合的关键，强化旅游文化输出能够增加旅游的可持续发展能力，"中国澄泥砚之都"新绛县对于绛州澄泥砚生产基地和绛州澄泥砚文化园的打造显然是具有特色且成功输出绛州澄泥砚文化和抓住游客记忆点的尝试。

1."非遗之旅，尽在一园"

绛州澄泥砚文化园位于新绛县龙兴镇王庄村北端，紧临新乡公路和侯禹高速口，占地面积27324.7平方米，总投资5900万元。文化园总体设计上紧扣园区主题，突出澄泥砚特色，将绛州澄泥砚文化与园区生态相结合，山、湖、路、桥为载体，花、草、树、景为衬托，亭、台、楼、榭作点缀，营造出和谐、清新、幽雅的澄泥砚历史文化生态。

绛州澄泥砚文化园，以文塑旅，以旅彰文，文旅互鉴互融，成功入选"2022年全国非遗与旅游融合发展优选项目名录"。园区通过"非遗＋"的形式进行文旅融合，开发非遗文化的附加价值，从而推动新绛文化产业形成集聚优势，实现了从单一产业到"非遗＋"文化旅游产业的转型。

近两年，绛州澄泥砚文化园开始引进新项目，以作为补充"非遗＋"旅游的新元素。目前，绛州澄泥砚文化园涵盖了澄泥砚、鼓乐、云雕、木版年画、仿古青铜器、宫灯、玉雕、石雕、烫烙画、拨金漆画、面塑、刺绣、弟子规国学大讲堂等三十余种优秀非遗文化产品的制作与展示，是新绛县传统非遗文化的集中展示与体验基地，也是国际友人前来观摩、体验中国优秀传统文化的交流合作平台。

2. 文化输出的基地

多年来，绛州澄泥砚传承人一直对澄泥砚的文化进行挖掘和整理，从制作技艺流程到澄泥砚制作技艺背后

澄泥砚制作技艺

网络直播 常琳/摄

的历史文化,从澄泥砚史料及文献的搜集和整理,到绛州澄泥砚制作技艺相关书籍的出版,从相关澄泥砚的传说故事的搜集、整理,到新绛历史文化内涵的挖掘等,不断丰富和充实绛州澄泥砚的文化内涵。绛州澄泥砚文化园和绛州澄泥砚生产基地作为文化输出的基地,真正让参观者将这些非遗文化带回家形成长久记忆,并将之传播给更多人。据第三代传承人蔺霄麟介绍,近年来,依托绛州澄泥砚研制所,以生产基地为主体,以文化园为宣传口,实施整个绛州澄泥砚文化产业园区的营销战略。这一营销战略以澄泥砚文创产品作为文化输出的重要载体,除了在创新开发上下功夫,还不断挖掘现有的澄泥砚文化资源,鼓励游客亲身参与,通过动手实践来提升游客的旅游体验;与此同时,通过逐步建设、升级饮食住宿等配套设施,不断提高服务水平,以达到品牌化要求。

二、文化服务

近年来，在非物质文化遗产保护热潮和文旅融合大趋势下，非遗文化与研学结合的非遗研学成为新兴的一种非遗活化传承的新路径。它集旅游与学习于一体，内容丰富，在社会全年龄段，尤其是青少年中颇受欢迎。关于非遗研学，第三代传承人蔺霄麟介绍，园区的非遗研学出行线路逐步形成串联，开始朝专业化和定制化方向发展，旅客身份和职业多元化的趋势明显。园区针对不同的服务人群、实际行程和需求量身定制相应的服务方案，设置不同内容的文化服务：年龄较小的小朋友来，会多讲一些传说故事；针对中学生或大学生，除了讲解澄泥砚的制作工艺，还会让他们上手体验澄泥砚的制作全过程；一些文人学者到访，就会更偏向介绍一些雕刻的艺术等等。

一直以来，人们对于非遗的印象仅仅停留在"非物质文化遗产"这个名词本身，以及偶尔出现在景区和宣传广告牌上的"非遗"字眼，对于非遗背后真正的文化魅力、历史渊源并不了解。文化园通过宣传、征集、招募以及与校方合作等方式，吸引以青少年为主的研学人群，通过"学习＋体验＋旅游"的方式，传播非遗知识和文化，逐步将绛州澄泥砚文化推向大众。目前，绛州澄泥砚文化园是太原师范学院实习与实践教学基地，太原科技大学设计与艺术学院国情教育研学基地，运城学院实习基地及运城师范高等专科学校的实习基地、教育实践基地、产学研实训基地，也是运

第五章 澄泥砚回首与展望

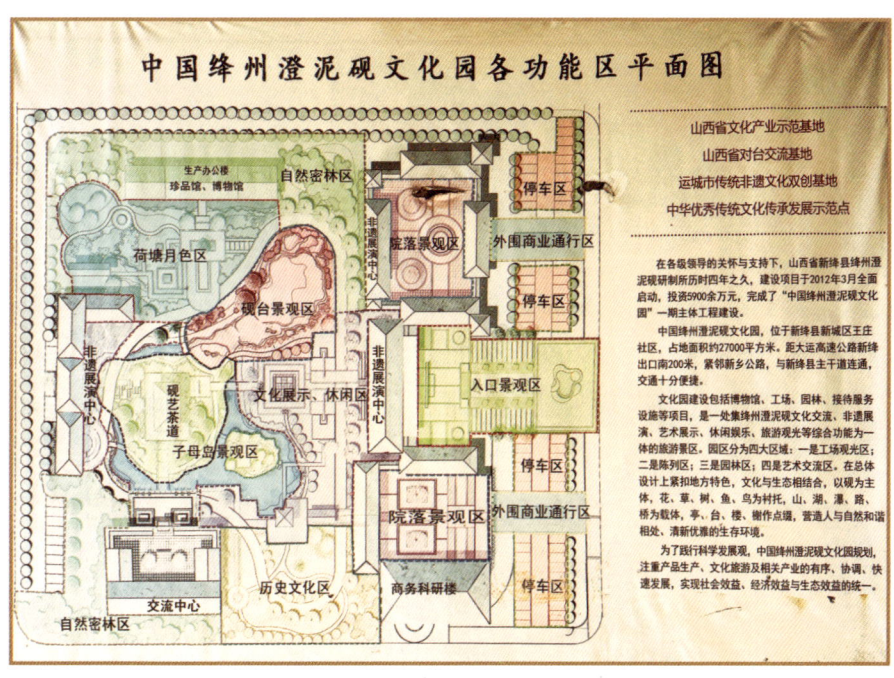

文化园平面图 常琳/摄

澄泥砚制作技艺

研学照　山西绛州澄泥砚研制有限公司/提供

城幼儿师范高等专科学校国情教育研学基地、新绛县职教中心校外实训基地、新绛县光村学校校外实训基地等。此外，园区与新绛县职业教育中心、新绛县特殊教育学校及新绛县多所中小学校合作，开展"非遗进校园"活动，既盘活了澄泥砚非遗文化资源，又创新了传承形式，取得了良好的社会效果。

为保障研学及相关"非遗进校园"活动的顺利开展，传承人蔺涛和蔺霄麟策划编写了《绛州澄泥砚研学教材》。教材从新绛地域入手，走进绛州，通过其独具特色的人文环境概述，分九章讲述了绛州澄泥砚的历史和文化，包括澄泥砚的制作技艺、传承及文化价值和内涵，同时也介绍了澄泥砚的使用、保养及名砚品鉴。[①]教材图文并茂，通过将专业化程度极高的澄泥砚制作技艺通俗化讲述，让研学的学生们初步掌握绛州澄泥砚制作技艺的同时，进一步传播非遗文化、传统文化，进而为培养更多的澄泥砚制作技艺传承人打下坚实的基础。

① 蔺涛、蔺霄麟：《绛州澄泥砚研学教材》，内部资料。

澄泥砚制作技艺

体验澄泥砚制作技艺　山西绛州澄泥砚研制有限公司/提供

跋

与绛州澄泥砚结缘，一定要说一说史小凯。史小凯曾任新绛县职业教育中心主任，对非物质文化遗产有极为浓厚的兴趣和非同寻常的热情。任职新绛县职教中心期间，他将非遗传承作为重要的办学特色，将非遗项目引进校园，引入课堂，并建立了三个大师工作室（绛州澄泥砚、绛州剔犀、绛州鼓乐），为县域非遗文化传承做出了积极的贡献。他每每介绍家乡的非遗时都会说，新绛的非物质文化遗产品类繁多，文化内涵丰富，值得深入研究，其中绛州澄泥砚尤其值得关注。他带着笔者参观学习，激发了笔者选绛州澄泥砚做课题的兴趣。

2019年和2021年，我带领课题组对绛州澄泥砚生产基地进行过两次短暂的采访。之后，课题组又于2023年2月和2023年6月进行了多次走访，深度采访了绛州澄泥砚制作技艺传承人蔺永茂、蔺涛、蔺霄麟、范友良等。听他们讲述关于恢复澄泥砚制作技艺的艰辛历程和打造澄泥砚精品的坚持，跟随他们参观了繁复细致的技艺流程，深刻地感受到他们真诚热爱、认真执着、持续改进、精益求精的工匠精神。课题组的同学不仅参与调研，也认真搜集和整理相关资料，白艺娜整理了第一章和第二章，郭畅整理了第三章和大事记，高若玉整理了第四章，常琳整理了第五章的材料。

感谢山西绛州澄泥砚研制有限公司，我们调研组反复请教澄泥砚的恢复过程和研制经历，蔺涛先生都非常热情地给予介绍，并带我们参观相关场所，揭秘澄泥砚制作技艺背后的故事。

感谢新绛县委县政府对当地非物质文化遗产的重视和保护。特别是新绛县委宣传部、新绛县文旅局、新绛县图书馆对本书写作的帮助和支持。

感谢弓宇杰陪同我们调研，并协调各种关系；感谢摄影师贾耀辉为本书提供部分精美照片。

因时间所限，本书调研还不够深入，写作方面如有不当之处，敬请专家、学者批评指正。

高忠严

2024年8月

附录

一、大事记

绛州澄泥砚,孕于汉,兴于唐,盛于宋,明代达到炉火纯青。然而,其制作工艺于明末清初失传,中断了300余年。

1984年

时任新绛县博物馆业务馆长的蔺永茂开始搜集资料,尝试复原绛州澄泥砚制作技艺。

1986年

蔺永茂、蔺涛父子成立山西省新绛县绛州澄泥砚研制所(下文简称"研制所")。

1990—1992年

绛州澄泥砚试制成功,开始小批量生产。

1993年

蔡鸿茹撰文《绛州澄泥砚再现新姿》,载于《中国文房四宝》。

1994 年

7月，杨兆平撰文《澄泥砚与蔺氏父子》（《中国文房四宝》1994年第3期）。

10月15日至30日，蔺永茂、蔺涛赴北京参加中国首届名砚博览会，两人烧制的澄泥砚在博览会上获得金奖。

12月10日，闫家宪撰文《"说"砚》（《光明日报》）。

1995 年

研制所申请注册商标"绛州"。

1月20日，元青撰文《绛州澄泥砚的复苏——〈谈砚〉补记（《大公报》）。

5月，杨森撰文《砚中之宝——绛州澄泥砚》（《艺术各界》1995年第5期）。

10月，寒水撰文《蔺氏父子与澄泥砚》（《山西老年》1995年第10期）。

11月，杜泽泉、王秀英撰文《绛州澄泥砚》（《人民画报》1995年第11期）。

1997年

2月21日，商标"绛州"获得核准。

3月31日，碧云天撰文《砚中极品重放异彩》（《天津日报》）；砚品《海天浴日砚》（蔺永茂）、《乾隆御用云龙砚》（蔺涛）获"中国文房四宝行业精品砚"优秀奖。

9月23日，张国柱撰文《重放异彩澄泥砚》（《陕西日报》）。同月，蔡鸿茹撰文《澄泥古砚新丰彩》（《紫玉金砂》〔中国台湾〕1997年第48期）。

12月，《人民画报》刊文《绛州澄泥砚》，首次向世界介绍绛州澄泥砚制作技艺。

1998年

1月2日，刘滢撰文《蔺氏父子醉心绛州澄泥砚》（《商报》〔菲律宾〕）。

7月14日至15日，中央电视台"东方时空"栏目播出电视专题片《绛州澄泥砚的诞生》。

8月，李思源撰文《重振声威——绛州澄泥砚新生》（《少儿书画》1998年第8期）。

12月，砚品《天圆地方砚》（蔺涛）获"山西省优秀工艺旅游纪念品"设计金奖。同月，研制所被授予

"山西省工艺旅游纪念品开发先进单位"称号。

1999年

3月,绛州牌澄泥砚被运城地区消费者协会授予"1999年推荐商品"。

8月31日,王恩瑞撰文《文房四宝——绛州澄泥砚》(《山西日报·经济周刊》)。

12月30日,国家商标评审委员会就王学仁等28人提出的《撤销研制所"绛州"注册商标的异议书》作出裁定:研制所蔺氏父子"创出了'绛州澄泥砚'这一品牌,使失传三百年的这一古老工艺重放异彩,并得到了社会各界的认可、好评;因此裁定:"山西省新绛县绛州澄泥砚研制所注册的第948285号'绛州及图'商标予以维持。"

2000年

2月,蔺涛赴新加坡参加"春到河畔迎新年"文化交流活动以及相关的展销活动,受到时任新加坡第六任总统塞拉潘·纳丹的好评。

3月24日,宇程、鸿泥撰文《绛州澄泥砚 异域展神姿》(《人民日报·海外版》)。

7月26日,高凤撰文《一种失传300多年的名砚重新走向世界》(《解放军报》)。

10月,砚品《海天浴日砚》(蔺永茂)荣获"首届中国工艺美术大师作品暨工艺美术精品博览会"银奖。同月,蔺永茂主编《绛州澄泥砚》出版（香港天马图书有限公司）；商标"绛州"入选"山西省传统工艺名牌产品"。

12月，商标"绛州"被认定为"运城地区知名商标"。同月，王胜、嘉禧、原野撰文《澄泥名砚"绛州"商标侵权之诉》（《法制观察》2000年第12期）。

2001年

12月，《山西画报》2001年第6期刊文《中国一绝绛州澄泥砚风采重现》。

2002年

4月，砚品《和平澄泥砚》（蔺涛）荣获"首届中国文房四宝名师名砚精品大赛"金奖。

5月，蔺永茂、蔺涛父子参加"纪念中日邦交正常化30周年——中日砚台交流展"。

7月，蔺涛荣获第四届"山西省青年科技奖"，被授予"山西省优秀青年科技工作者"称号。"绛州澄泥砚"入选《中日交流砚作集》（胡中泰、山本涛石主编，山东教育出版社）。

12月，王春江、刘淑湘撰文《砚海钩沉》（《中国经济论坛》2002年第12期）。

2003年

7月，研制所被山西省消费者协会评为"省级诚信单位"。

9月，砚品《兰亭砚》（蔺涛）获得"第三届（2003·杭州）国际民间手工艺品展览会"金奖。同月，砚品《鹤鹿同辉砚》（蔺涛）在"中国四大名砚精品展"中获得金奖。

11月，在第十四届全国文房四宝艺术博览会上，绛州澄泥砚首次获得中国文房四宝行业最高荣誉"国之宝——中国文房四宝品牌产品"称号。同月，商标"绛州"荣获"山西省著名商标"；蔺涛携绛州澄泥砚赴香港、澳门以及东南亚数国参加"2003黄河韵·山西风情展"。

12月，刘红云撰文《话说绛州澄泥砚》入选《老字号·名字号》一书（张成德主编，山西人民出版社）。

2004年

5月，蔺涛携绛州澄泥砚赴日本大阪参加"2004年第26届日本大阪国际贸易博览会"。

7月，蔺永茂作为文房四宝特色区域专家参加中国轻工业联合会、中国文房四宝协会组织的"中国砚都——广东省肇庆市"的评审。

10月，蔺涛被中国企业文化促进会授予"中国企业文化建设先进个人"称号。同月，砚品《鲤鱼跳龙门砚》（蔺涛）荣获第六届中国民间艺术节"万件民间艺术珍品展"金奖。

12月，砚品《九龙戏珠砚》（蔺涛）荣获"第二届中国四大名砚精品展"银奖。

2005 年

1月,研制所生产的绛州澄泥砚被中国管理科学研究院、名牌与市场战略专家委员会评为"中国知名品牌";经中国实业家诚信立业论坛组委会、中华名牌协会审核,研制所生产的绛州澄泥砚入选"中国诚信名牌"。

2月,"绛州澄泥砚文化园"建设项目启动。

4月,"绛州澄泥砚"荣获"2005年中国国内旅游交易会最受欢迎的旅游纪念品工艺品"。

12月5日至30日,"中国四大名砚之一——山西绛州澄泥砚蔺永茂、蔺涛作品展"在山西省图书馆举办。

2006 年

4月,在第十八届全国文房四宝艺术博览会上,绛州澄泥砚第二次获得"国之宝——中国文房四宝品牌产品"称号。

8月10日,山西省高级人民法院就"绛州"商标侵权一案作出终审判决(〔2006〕晋民终字第00196号):研制所享有的"绛州"注册商标为驰名商标。15日,蔺永茂、蔺涛父子被授予"山西省工艺美术大师"称号。

9月10日，个性化邮票《绛州澄泥砚》公开发行（5000套），配套发行的还有个性化邮资信封（10000枚）。

12月，"新绛县澄泥砚传统制作工艺"入选山西省"省级非物质文化遗产"；研制所"绛州"注册商标被评为"中国著名品牌"。同月，砚品《云海腾蛟砚》（蔺涛）首次荣获世界手工艺品的最高荣誉——联合国教科文组织颁发的"世界杰出手工艺品徽章"。

2007年

6月，全国政协国家非物质文化遗产考察组来到研制所，对绛州澄泥砚制作技艺进行了全面考察论证，国家文物局原局长张文彬等二十多位部级领导对绛州澄泥砚给予高度评价。

10月，蔺涛入选"中共山西省委联系的高级专家"，砚品《和平砚》（蔺涛）荣获联合国教科文组织颁发的"世界杰出手工艺品徽章"。同月，中央电视台"乡土"栏目拍摄专题片《汾河湾里淘宝记》，全面介绍绛州澄泥砚。

11月，新闻出版报社、中央人民广播电台法制部、中华全国工商业联合会宣传部、中华全国总工会宣传教育部、中国文化报社、中国·北京法制文学研究会联合授予蔺涛"中华英才"荣誉称号。

2008年

3月，绛州澄泥砚荣获"山西省质量信誉A级标准"。同月，砚品《奥运砚》（蔺涛）制作完成。

6月14日，"澄泥砚制作技艺"正式入选第二批国家级非物质文化遗产名录。（项目名称：砚台制作技艺〔澄泥砚制作技艺〕；项目序号：916；项目编号：Ⅷ-133；公布时间：2008〔第二批〕；类别：传统技艺；类型：新增项目；保护单位：新绛县绛州澄泥砚研究中心。）

7月18日，在第一届"中华民族艺术珍品文化节"上，砚品《蛟龙出海砚》（蔺涛）入选"中华民族艺术珍品"，并被中华民族艺术博物馆永久收藏。

9月，砚品《双塔文瀛砚》（蔺涛）在山西民间工艺旅游纪念品评比活动中获得金奖，并被山西省民俗博物馆永久收藏。

12月，蔺涛、解玉霞合编的《绛州澄泥砚砚谱》由荣宝斋出版社出版；砚品《箕形梅花砚》（蔺涛）荣获联合国教科文组织颁发的"世界杰出手工艺品徽章"。同月，蔺涛开始设计、制作"红色"系列砚，其主要设计理念是"红色元素+传统文化"。

2009年

2月，绛州澄泥砚被运城市人民政府授予"十佳旅游工艺纪念品"。

6月13日，蔺永茂入选"国家级非物质文化遗产项目代表性传承人"。同月，蔺涛、解玉霞入选"省级非物质文化遗产项目代表性传承人"。

7月18日，蔺永茂、蔺涛父子双双获得"中国文房四宝制砚艺术大师"称号。

8月，蔺涛大师、解玉霞携绛州澄泥砚再次赴邀前往日本参加中日文化交流活动。

8月16日至9月18日，第二届"中华民族艺术珍品文化节"上，砚品《草堂松风砚》入选"中华民族艺术珍品"。

10月，蔺涛设计制作的《精忠报国砚》入选"百名将军书画展"（中国将军诗书画院举办）纪念礼品，并被参展的百名将军珍藏；砚品《步步高升砚》（蔺涛）入选国庆礼品"晋之宝"（共发行60套）；蔺涛参加"中国首届砚文化高峰论坛"并作学术报告。同月，蔺涛荣获山西省"科技奉献奖"先进个人一等奖。

11月，绛州澄泥砚被全国促进传统文化发展工程工作委员会授予"中华民族文化优秀品牌"。

2010年

4月，在第二十五届全国文房四宝艺术博览会上，绛州澄泥砚第三次获得"国之宝——中国文房四宝品牌产品"称号。

5月，蔺涛、解玉霞参加上海世博会"联合国千年发展目标公益主题活动",砚品《和谐砚》被选为该活动指定礼品。

6月9日,蔺涛赴京参加由文化部主办,文化部非物质文化遗产司、中国非物质文化遗产保护中心承办的"巧夺天工——中国非物质文化遗产百名工艺美术大师技艺展演"。

9月,蔺涛编著《中国名砚·澄泥砚》一书由湖南美术出版社出版。同月,蔺涛荣获第七届"山西省青年科技奖",被评为"青年科技推广革新专家";砚品《荷塘月色砚》(蔺涛)荣获联合国教科文组织颁发的"世界杰出手工艺品徽章"。

为新绛县成功申报"中国澄泥砚之都",蔺涛做了大量工作。10月10日,时任中共新绛县委书记的邓雁平在人民大会堂出席授牌仪式。

5月1日至10月31日,上海世博会期间,蔺涛参加山西展团展演并在"中国砚文化高峰论坛"上作学术报告;砚品《东方之冠砚》(蔺涛)被上海世博局选为定制礼品。

11月8日至15日,"第三届中华民族艺术珍品文化节"上,砚品《弟子规砚》(蔺涛)入选"中华民族艺术珍品"。同月,蔺涛被山西省文化厅授予"山西十大年度文化创新人物"。

12月，蔺涛入选第六批"运城市拔尖人才"。

2011年

1月，研制所投资建设的绛州澄泥砚文化园被山西省人民政府命名为"山西省文化产业示范基地"。

3月26日至4月6日，"清华大学百年校庆荷塘月色绛州澄泥砚展"在清华大学图书馆举行，100方造型各异的"荷塘月色砚"被清华大学永久收藏。

4月，蔺永茂、蔺涛、解玉霞三人同时被授予"中华传统工艺大师"称号。

4月15日至5月16日，"绛州澄泥砚——荷塘月色系列砚展"在台湾地区新竹市"清华大学"人文社会学院图书分馆举行，100方造型各异的"荷塘月色砚"被"清华大学"永久收藏。

6月，蔺永茂工作室被山西省文化厅授予"永茂大师工作室"。

7月，为庆祝中国共产党建党90周年，蔺涛创作完成"红色革命圣地"系列砚（6方），被上海、延安、遵义、井冈山等革命圣地永久收藏。

8月13日，蔺永茂被授予中国陶瓷艺术的最高荣誉"中国陶瓷艺术终身成就奖"。

10月，研制所开始扩建光村绛州澄泥砚生产基地。同月，蔺涛、解玉霞主编《荷香砚韵》（内部资料）；蔺涛、解玉霞代表"2007年清华大学高级工商管理研究生课程进修项目山西班"学员，向清华大学捐赠了巨型石雕砚——《荷塘月色砚》；蔺永茂、蔺涛、解玉霞被授予"山西省陶瓷艺术大师"称号。

11月，第四届"中华民族艺术珍品文化节"上，砚品《荷塘月色砚》（蔺涛）入选"中华民族艺术珍品"。同月，蔺涛参加"第二届中华砚文化学术研讨会"，并以"砚——记载中华文明的符号"为题作学术报告；蔺涛应邀携绛州澄泥砚赴新加坡参加第十一届世界华商大会晋商代表团暨世界晋商（新加坡）联谊大会；为纪念辛亥革命100周年，由李铁民、刘硕识、章群等大师设计，梁金凌（端砚）、胡中泰（歙砚）、刘爱军（洮砚）、蔺涛（澄泥砚）等大师首次合作完成《中山砚》（4方，250套）。

2012年

4月，绛州澄泥砚被评为"中国最具影响力十佳名砚"。

5月，在第二十九届全国文房四宝艺术博览会上，绛州澄泥砚第四次获得"国之宝——中国文房四宝品牌产品"称号。

8月，研制所被授予"全国顾客满意示范单位"称号。

10月，蔺涛、解玉霞应邀携绛州澄泥砚赴印度参加第十七届"世界手工艺理事大会"。同月，开始设计、制作山西省"一县一砚"系列砚，旨在"游山西、读历史"——以砚为媒，将山西深厚的历史文化底蕴广泛传播。

2013年

1月，解玉霞同中国文房四宝协会考察团赴阿联酋、巴西考察。同月，研制所员工聂俊辉、蔺疆燕被授予"运城市民间工艺美术大师"称号。

6月1日，砚品《未名湖砚》（蔺涛）被北京大学校史馆、北京大学艺术学院收藏。同月，砚品《关帝夜读春秋砚》（蔺涛）被山西省人民政府选为"关帝圣像首次赴台巡游"纪念礼品；上海新世纪集团策划，李铁民、刘硕识、章群等三位大师设计，梁金凌、胡中泰、刘爱军、蔺涛等4位大师继《中山砚》之后再次合作，推出砚品《四君子砚》（"梅兰竹菊"，共4方）。

11月25日，绛州澄泥砚被授予"全国打假保优重点保护（品牌）单位"。同月，蔺涛、解玉霞应邀携绛州澄泥砚赴美国夏威夷州檀香山市参加第十一届夏威夷"中国风情节"。

12月12日至15日，蔺涛随同中国文房四宝协会会长郭海棠参加肇庆市"中国砚都"复评。同月，绛州澄泥砚被评为"山西省名牌产品"。

2014年

1月，蔺涛入选山西省委宣传文化系统"四个一批"人才；研制所被山西省工商行政管理局授予"守合同重信用企业"。

4月，蔺涛被中华全国总工会授予"全国五一劳动奖章"；蔺涛参加中国文房四宝协会对"中国宣砚之乡"——安徽省宣城市旌德县文房四宝特色区域的复审。

7月，蔺涛被评为"中国品牌文化建设杰出人物"；蔺涛参加中国文房四宝协会"中国徐公砚之乡"——山东省临沂市沂南县文房四宝特色区域的复评。

9月，砚品《梅兰竹菊砚》（蔺涛）获得联合国教科文组织颁发的"世界杰出手工艺品"徽章。同月，举办中国绛州澄泥砚首届国际征诗征联大赛活动（在全球共征集到1万多幅作品），并出版《诗联翰墨绛州魂》一书（蔺涛、解玉霞编著，中国诗词楹联出版社）。

10月，聂俊辉被授予"山西省陶瓷艺术大师"荣誉称号，蔺麦玲被授予"三晋巧姐"荣誉称号。

12月，蔺涛当选为中国文房四宝协会第六届理事会副会长；解玉霞被授予第二届"中国文房四宝制砚艺术大师"称号；蔺涛工作室被山西省总工会命名为"蔺涛传统工艺（手艺）大师创新工作室"。

2015年

1月，研制所被运城市总工会授予"模范职工之家"。同月，"抗战系列"砚（共22方）制作完成，并捐赠给中国抗战纪念馆、南京日本大屠杀遇难同胞纪念馆、远征军抗日纪念馆等8家国家一级纪念馆，被永久收藏。

5月，蔺涛被评为"全国劳动模范"，解玉霞被授予"山西省雕塑艺术大师"称号。同月，蔺涛、解玉霞应邀携绛州澄泥砚赴韩国济州岛参加世界职业妇女大会；大会期间，时任世界职业妇女大会主席的安斯温收藏绛州澄泥砚。

9月，绛州澄泥砚文房四宝套装被国家旅游局评为"中国百佳旅游商品"。同月，蔺涛、解玉霞携绛州澄泥砚赴印尼参加第十三届世界华商大会。

2016年

7月，以"廉政文化"为主题，设计制作完成"廉洁系列"砚（30余方）。

8月，蔺涛携绛州澄泥砚赴匈牙利参加"第三十届匈牙利国际民间手工艺术节"。同月，中华全国总工会"大国工匠"栏目对蔺涛进行专题报道；员工蔺疆燕、张迎利被授予"三晋巧姐"荣誉称号。

9月，砚品《灵猴献瑞砚》（蔺永茂）、《天鹅砚》（蔺涛）获得联合国教科文组织颁发的"世界杰出手工艺品徽章"。

10月，蔺涛被评为高级工艺美术师，蔺永茂被授予"山西省工艺美术大师终身成就奖"。同月，为纪念红军长征胜利80周年设计的《长征胜利砚》制作完成。

2017 年

1月，蔺涛被评为山西省学术技术带头人。

6月，开始设计、制作"黄河、长城、太行"系列砚，旨在助推山西文旅从"资源时代"进入"品牌时代"。

9月，蔺永茂被授予"世界非物质文化遗产大会终身成就奖"。

9月9日，为纪念井冈山革命根据地创建90周年，研制所向中国井冈山干部学院捐赠红色文化主题砚《巍巍井冈砚》《星火燎原砚》。

12月25日，山西电视台经济频道拍摄专题片《三晋非遗——大国工匠》。同月，为庆祝运城解放70周年，研制所设计制作完成了"运城解放"系列砚（14方，包括运城市及所属13个县级市区各一方）。

2018 年

1月，蔺涛设计制作完成"纪念改革开放40周年"系列砚（共8方）。

3月，蔺涛工作室被山西省传统工艺美术发展协会、山西省工艺美术大师评审委员会认定为"山西省工艺美术大师示范工作室"。同月，在第四十一届全国文房四宝艺术博览会上，绛州澄泥砚第五次荣获"国之宝——中国文房四宝品牌产品"称号。

4月，蔺涛被授予首届"河东工匠"称号。

6月，绛州澄泥砚被山西旅游品质榜组委会授予"山西十佳品质旅游商品"。

10月，蔺涛参加中国轻工业联合会、中国文房四宝协会组织的"中国砚都"——广东省肇庆市文房四宝特色区域的复评。

11月，蔺涛被全国总工会、中国轻工联合会授予首届轻工"大国工匠"。同月，山西卫视"新闻午报"栏目专题报导"纪念改革开放40周年"系列砚；蔺涛携绛州澄泥砚赴柬埔寨参加"2018中国——东盟博览会"。

2019年

1月，蔺涛设计制作完成"庆祝新中国成立70周年"系列砚。同月，蔺永茂被中国文房四宝协会授予"中国文房四宝行业特殊贡献奖"；蔺涛被中国文房四宝协会授予"杰出贡献奖"；解玉霞被中国文房四宝协会授予"突出贡献奖"。

3月，蔺涛入选2018年度山西省"三晋英才"支持计划高端领军人才。同月，蔺涛出任中国文房四宝协会砚文化专业委员会主任。

9月，研制所被中共山西省委台湾工作办公室、山西省人民政府台湾事务办公室授予的"山西省对台交流基地"。同月，中共中央、国务院、中央军委为蔺涛颁发"庆祝中华人民共和国成立70周年"纪念章。

12月5日，在山西省第四届文博会的会场上，绛州澄泥砚、高平珐华器、平遥推光漆器凭借高超的制作技艺、独特的文化内涵、重要的艺术价值，被誉为"山西三宝"。时任山西省委书记的楼阳生说："不仅要把传统技艺打造得炉火纯青，还要不断创新，追求更高的艺术价值，通过展示、拍卖、鉴赏等手段，把山西三宝推向国际，进一步弘扬传承传统文化。"同月，聂俊辉、蔺麦玲被认定为澄泥砚制作技艺市级非物质文化遗产项目代表性传承人；研制所被评为"中国文房四宝行业先进单位"。

2020年

5月，中央电视台科教频道"探索·发现"栏目拍摄专题片《山西三宝·绛州澄泥砚》。

8月，蔺涛被中国轻工联合会授予全国轻工行业职业技能竞赛之砚台雕刻工职业（工种）裁判员（为中国澄泥砚界唯一，山西省唯一）。同月，《中国画报》（英文版）2020年第11期刊登蔺霄麟的砚品；《西部散文选刊》2020年第4期封底刊登蔺霄麟的砚品。

10月，中央电视台科教频道"跟着书本去旅行"栏目以"行走河东——绛州澄泥砚"为题分两期介绍绛州澄泥砚。

11月8日,"绛州澄泥砚"亮相北京地铁站(实物展,6号线16个站点,9个月),被山西新闻等多家媒体报道。

12月18日,"山西三宝"绛州澄泥砚创意产品对接会在绛州澄泥砚文化园举行。此次活动由山西省文化和旅游厅牵头,故宫文创团队组织并邀请了全国文创方面的顶尖级专家参加。同月,绛州澄泥砚入选"运城市十大城市名片";"山西省新的社会阶层人士'非遗大师工作室'"创建活动中,蔺涛被授予"非遗大师工作室"荣誉称号。

2021年

2月,蔺涛设计制作完成"庆祝中国共产党成立100周年"系列砚(10方)。同月,中央电视台科教频道"探索·发现"拍摄专题片《匠人匠心(44)》,介绍绛州澄泥砚;运城市第三届"河东工匠"选树活动中,范友良被授予"河东工匠"荣誉称号,蔺麦玲被授予"河东首届技师"荣誉称号,蔺疆燕、张迎利、李金玲被授予"河东金牌工人"荣誉称号。

4月,蔺涛被山西经济日报社、山西省十大经济新闻系列活动组委会授予"转型发展标杆人物"称号。同月,蔺涛入选"运城市委联系服务专家"。

5月,研制所员工范友良被中国文房四宝协会授予"全国文房四宝行业技术能手"。同月,运城市纪委监委与运城广播电视台联合策划制作的专题片《河东清风行——"一方清廉"》播出,报道了蔺涛设计制作的

"廉洁系列"砚。

9月，蔺霄麟被认定为"市级非物质文化遗产代表性项目澄泥砚制作技艺传承人"。

12月，蔺涛被山西省总工会、山西日报社、山西广播电视台评为2020"三晋工匠"年度人物。同月，蔺永茂工作室被命名为"蔺永茂技能大师工作室"。

2022年

1月，蔺霄麟参加由山西省文旅厅组织的"非遗传承人与新锐设计师对话直播"活动。

2月，蔺涛入选"中国非遗年度人物100人候选名单"。

3月，"蔺涛大师传承创新基地"入选首届"工艺美术大师传承创新基地"。

4月，《中国文房四宝》2022年第2期刊登蔺霄麟砚品。

6月11日，新华网"习近平总书记关切事·新魅力，新天地——非遗传承发展观察"栏目刊文《为"绝活"注入青春气息》，介绍蔺霄麟大胆创新，让澄泥砚走入更多年轻人视野。同月，绛州澄泥砚入选"2022年山西省十大非物质文化遗产保护实践优秀案例"名单；

范友良被授予第三届"河东工匠"荣誉称号，蔺麦玲被授予"河东首席技师"荣誉称号，蔺疆燕、张迎利、李金玲被授予"河东金牌工人"荣誉称号；绛州澄泥砚文化园被确定为"山西省文化产业示范园区"创建单位。

8月，蔺涛被评为"中国工艺美术大师"（第八届），为中国澄泥砚行业唯一大师。同月，绛州澄泥砚文化园被确定为"工艺美术大师传承创新基地"创建单位，并获批2022年度"山西省新侨创新创业示范基地"；研制所承办"2022年全国文房四宝用品制作砚雕技能竞赛预赛"山西赛区工作。

9月，绛州澄泥砚文化园获批"山西省研学旅行实践基地"。

11月，绛州澄泥砚文化园入选"全国非遗与旅游融合发展优选项目名录——非遗旅游街区"。同月，"我家就在河边住：大河故事"大型融媒体主题宣传活动中，央广网山西频道播出专题片《带澄泥砚"回家"的人》，推介绛州澄泥砚。

2023年

1月，聂俊辉被授予山西省工艺美术大师（第六届）。同月，绛州牌澄泥砚第六次获得"国之宝——中国文房四宝品牌产品"荣誉称号。

2月，蔺涛被评为2022年度"文房四宝行业领军人物""文房四宝行业青年之星"。同月，聂俊辉被授予"全国文房四宝行业技术能手"；蔺麦玲被授予"全国澄泥砚雕刻技术能手"；张迎利被授予"全国澄泥砚雕刻技术能手"。

3月，蔺涛被世界非物质文化遗产大会授予"世界非物质文化遗产大会传承大奖"。

4月,《滴水藏海砚》(蔺霄麟)在"西泠印社潜泉杯"第三届全国文房用品设计创新大赛中荣获银奖。同月,蔺涛被世界非物质文化遗产大会聘为世界非物质文化遗产大会澄泥砚专业委员会主任;蔺霄麟被世界非物质文化遗产大会授予"世界非物质文化遗产保护杰出贡献奖";研制所被世界非物质文化遗产大会授予"世界非物质文化遗产大会传承基地";聂俊辉被授予"运城市劳动模范"称号;《半月谈》(内部版)2023年第4期刊文《千年澄泥砚,一门三代传》。

6月,研制所完成质量管理体系ISO9001、环境管理体系ISO14001、职业健康安全管理体系ISO45001认证。6月7日至12日,参加专题片《非遗里的中国·山西篇》拍摄。6月27日至29日,在天津举办的世界经济论坛第十四届新领军者年会(夏季达沃斯论坛)上,通过"品鉴山西、拥抱世界"为主题的"山西之夜"活动向公众推介绛州澄泥砚。

8月,蔺霄麟、范友良被山西省陶瓷和玻璃艺术大师评审委员会、山西省日用硅酸盐协会评为"山西省陶瓷艺术大师";蔺永茂被授予"山西陶瓷艺术大师终身成就奖"。同月,蔺霄麟被山西省日用硅酸盐协会授予

"山西陶瓷新秀奖";研制所获得山西省日用硅酸盐协会授予的"山西陶瓷行业杰出企业奖""山西省陶瓷行业工作会暨山西省第三届陶瓷艺术大师评选会优秀组织奖"。

9月,"云水相依系列砚"(蔺霄麟)荣获"2023中国特色旅游商品大赛"铜奖。9月17日,解玉霞携绛州澄泥砚参加第二十届中国—东盟博览会"山西之夜"。同月,2023年全省"五小"创新大赛中,蔺涛带队(包括蔺永茂、聂俊辉、蔺麦玲、范友良)研究创作的"'游山西 读历史'讲好山西故事系列"绛州澄泥砚获得优秀成果二等奖。

10月,研制所被运城市品牌战略工程领导小组办公室授予"运城品牌",被山西省教育厅确定为"山西省中小学研学实践教育示范基地"。

11月,蔺涛携绛州澄泥砚亮相第六届中国国际进口博览会"山西之夜"。同月,"蔺永茂大师工作室""聂俊辉大师工作室"被山西省文化和旅游厅认定为"山西省工艺美术大师工作室"(第二批)。

12月,蔺涛被山西省文化和旅游厅授予"山西省2023年度乡村文化和旅游带头人"称号。同月,蔺涛工作室被中共山西省委宣传部命名为"山西省宣传文化名家(非遗传承类)蔺涛工作室";蔺涛、聂俊辉、蔺麦玲、张迎利、范友良等5人被评为"工艺品雕刻工一级"(高级技师);蔺疆燕被评为"工艺品雕刻工二级"(技师);蔺俊龙、马哲、马维霞、伊艳红、杨舒仪、袁晋燕、卫改艳、马建平、蔺吉祥、周宛枝、聂文玲、王春艳、聂俊霞、王云会、聂慧玲等15人被评为"工艺品雕刻工三级"(高级技能);蔺涛被中国轻工业联合会评为工艺美术品设计师、工艺品雕刻工高级考评员；解玉霞被中国轻工业联合会评为工艺美术品设计师、工艺品雕刻工考评员；蔺涛被授予"省级乡村工匠名师"称号；蔺涛入选"享受国务院政府特殊津贴人员"名单；绛州澄泥砚文化园被确定为"2023年度山西省版权示范园区（基地）"；研制所荣获"放心消费 诚信经营荣誉"企业称号。

2024年

1月，山西省新绛县绛州澄泥砚研制所升级更名为山西绛州澄泥砚研制有限公司（下文简称"公司"）。同月，公司所属绛州澄泥砚专业镇被运城市专业镇发展领导小组办公室授予"运城市第二批市级重点专业镇"。

2月，蔺霄麟、张迎利、范友良、王笑笑、李金玲等5人被运城市文化和旅游局评为"运城市工艺美术大师"；蔺霄麟被评为"工艺品雕刻工二级"（技师）；王丽丽被评为"工艺品雕刻工三级"（高级技能）。同月，公司获得新绛县人民政府颁发的新绛县区域公用品牌——"新绛好礼"授权使用证。

3月，《日月同辉砚》（蔺霄麟）荣获2024年"金凤凰"创新产品创作大赛一等奖。

4月，蔺涛入选全国首批"乡村工匠名师"。同月，绛州澄泥砚文化园被山西省社会科学界联合会确定为"山西省社会科学普及宣传基地";蔺涛应邀携绛州澄泥砚参加第135届中国进出口商品交易会"山西之夜"。

5月,公司的砚品《方竹砚》《义薄云天砚》入选第二十届中国(深圳)国际文化产业博览交易会"文博会礼物"。同月,公司合作院校——运城师范高等专科学校被授予"中国工艺美术大师传承创新基地院校"称号,这是山西省第二家运城市首家获此称号的学校;山西省工艺美术协会聘任蔺涛为"山西省工艺美术协会文化创意专业委员会艺术顾问"。

6月,公司商标入选第一批"轻工业重点商标保护名录"。同月,李云峰的报告文学《绛州澄泥砚》(属于"山西繁荣"中长篇小说创作出版工程项目、运城市委宣传部"重点文艺扶持作品")在北岳文艺出版社出版。

7月,山西师范大学授予公司"书法学院教育实习(实践)"牌。

8月,砚品《日月同辉砚》(蔺霄麟设计、张迎利制作)荣获联合国教科文组织颁发的"世界杰出手工艺品徽章"。

9月12日,蔺涛携绛州澄泥砚参加中国国际服务贸易交易会"山西之夜"。9月24日至28日,员工李文斌携绛州澄泥砚参加第二十一届中国—东盟博览会。9月27日至29日,蔺涛、解玉霞携绛州澄泥砚参加第三届中国(澳门)国际高品质消费博览会。

10月,公司举办首届"绛州澄泥砚"杯全国书画作品邀请展。

二、参考文献

1、史籍文献

[1]司马迁.史记[M].北京:中华书局,1959.

[2]左丘明,刘向.国语·战国策[M].长沙:岳麓书社,1988.

[3]山西二轻(手)工业史志编纂委员会.山西二轻(手)工业志[M].太原:山西人民出版社,1989.

[4]张于铸,李焕扬.光绪直隶绛州志[M].//中国方志集成·第59卷.南京:凤凰出版社,上海书店,巴蜀书社,2005.

[5]杨兆泰.民国新绛县志[M].//中国方志集成·第59卷.南京:凤凰出版社,上海书店,巴蜀书社,2005.

[6]新绛县县志编纂委员会.新绛县志(上册)[M].太原:山西人民出版社,2015.

[7]山海经[M].方韬译注.北京:中华书局,2016.

[8]苏易简.文房四谱[M].许琰,吴长城译注.长春:吉林大学出版社,2021.

2、专著

[1]钟敬文.民俗学概论[M].上海:上海文艺出版社,1998.

[2]陈勤建.中国民俗学[M].上海:华东师范大学出版社,2007.

[3]王文章.非物质文化遗产概论[M].北京:教育科学出版社,2008.

[4]乌丙安.非物质文化遗产保护理论与方法[M].北京:文化艺术出版社,2010.

[5]蔺涛.中国名砚·澄泥砚[M].长沙:湖南美术出版社,2010.

[6]郑土有.五缘民俗学[M].上海:同济大学出版社,2013.

[7]林其锬,吕良弼.五缘文化概论[M].福州:福建人民出版社,2013.

[8]王燕.传统手工艺的现代传承[M].南京:译林出版社,2016

[9]邱春林.手工技艺保护论集[M].北京:文化艺术出版社,2018.

[10]吕品田.重振手工 激活民俗:中国非物质文化遗产保护研究文集(非物质文化遗产保护理论与方法丛书)[M].北京:文化艺术出版社,2021.

[11]潘鲁生,徐磊.手艺学导论[M].北京:人民美术出版社,2022.

[12]殷波.工艺文脉——关于手工艺与设计的思考[M].北京:中国文联出版社,2023.

[13]毛瑮,毛上虎.绛州鼓乐[M].太原:北岳文艺出版社,2023.

3、期刊论文

[1]蔡鸿茹.澄泥砚[J].文物,1982(09).

[2]祁庆富.论非物质文化遗产保护中的传承及传承人[J].西北民族研究,2006(03).

[3]吕品田.在生产中保护和发展——谈传统手工技艺的"生产性方式保护"[J].美术观察,2009(07).

[4]方李莉.从"遗产到资源"的理论阐释——以费孝通"人文资源"思想研究为起点[J].江西社会科学,2010(10).

[5]史宏云.绛州澄泥砚的艺术特征[J].民族艺术研究,2013(02).

[6]赵士德,汪远旺.文化生态视角下民族传统手工技艺传承与保护[J].贵州民族研究,2013(06).

[7]张礼敏.自洽衍变:"非遗"理性商业化的必然性分析——以传统手工艺为例[J].民俗研究,2014(02).

[8]朱以青.传统技艺的生产保护与生活传承[J].民俗研究,2015(01).

[9]刘晓春,冷剑波."非遗"生产性保护的实践与思考[J].广西民族大学学报(哲学社会科学版),2016(04).

[10]徐赣丽.手工技艺的生产性保护:回归生活还是走向艺术[J].民族艺术,2017(03).

[11]赵丽红.清代宫廷文房用具述要之清代宫廷御用砚[J].书画世界,2017(02).

[12]季中扬,陈宇.论传统手工艺类非物质文化遗产的创新性保护[J].云南师范大学学报(哲学社会科学版),2019(04).

[13]黄永林,纪明明.论非物质文化遗产资源在文化产业中的创造性转化和创新性发展[J].华中师范大学学报(人文社会科学版),2018(03).

[14]章莉莉,刁秋宇.非物质文化遗产活态传承的生态建设[J].民族艺术研究,2021(03).

[15]黄永林,李媛媛.新世纪以来中国非遗保护政策发展逻辑及未来取向[J].民俗研究,2023(01).

[16]张松.国家历史文化名城保护立法进程与未来展望[J].中国名城,2023(01).

[17]沈晓筱.中国澄泥砚工艺研究[D].中国科学技术大学,2010.

[18]王潇.传统手工艺的再生产研究[D].西安美术学院,2016.

[19]仵东源.古代玉器俏色工艺探考[D].中国地质大学(北京),2021.

[20]潘彦瑾.非遗视域下四川传统竹编技艺的生产性保护研究[D].成都大学,2021.

4、文史资料

[1]桑行之.说砚[M].上海:上海科技教育出版社,1994.

[2]蔺涛,解玉霞.绛州澄泥砚砚谱[M].北京:荣宝斋出版社,2008

[3]蔺涛.诗联翰墨绛州魂[M].岳阳:中国诗词楹联出版社,2014.

[4]杨伯珠,郑华龙.它山之语:走进蔺永茂的艺术人生[M].北京:中国文艺出版社,2019.

[5]蔺涛,解玉霞.绛州澄泥砚——荷香砚韵.[Z].内部资料,2011.

[6]蔺涛,解玉霞.绛州澄泥砚(山西文博会特刊)[Z].内部资料,2013.

[7]蔺涛,蔺霄麟.绛州澄泥砚制作技艺[Z].内部资料.

[8]山西省新绛县绛州澄泥砚研制所.绛州澄泥砚文史资料[Z].内部资料.

[9]山西省新绛县绛州澄泥砚研制所.山西三宝:绛州澄泥砚[Z].内部资料.

[10]山西省新绛县绛州澄泥砚研制所.国家级非遗:绛州澄泥砚[Z].内部资料.

[11]李福云.绛州澄泥砚上的绛州文化名城风韵[Z].内部资料.

[12]中共新绛县委党史研究室,山西省新绛县绛州澄泥砚研制所.绛州澄泥砚(回眸20年)[Z].内部资料.

《国家级非物质文化遗产代表性项目山西省保护成果丛书》书目

书　名	作　者	定价（元）
左权小花戏	刘红庆　弓宇杰	98.00
左权开花调	毛瑞环　树难栽	98.00
祁太秧歌	刘红庆　弓宇杰	98.00
绛州鼓乐	毛　琭　毛上虎	98.00
襄垣炕围画	张　翼	98.00
莲花落	田家宾	98.00
形意拳	王子虎　李晋萍	98.00
岚县面塑	卫才华	98.00
文水鈲子	武晓辉	98.00
平遥纱阁戏人	杨　婕	98.00
澄泥砚制作技艺	高忠严　史小凯　蔺霄麟	73.00
高跷走兽	李筠霞	73.00
牛郎织女传说	侯姝慧	63.00
闻喜花馍	吴白莹　李　莉	58.00
平遥推光漆器髹饰技艺	刘小旦　薛梦瑶　常冰瑜	78.00
平阳木版年画	张惠玲	63.00
惠畅土布制作技艺	梁孟华　胡精杰	68.00